人間力とは何か

3・11を超えて

東日本国際大学東洋思想研究所 編

SHOUHEIKOU
昌平黌出版会

はじめに

あの「3・11東日本大震災」から早や5年の歳月が過ぎました。いまだ復興の途上にあります。そうしたときに、熊本地震が起き、多くの人が甚大な被害を受けました。心からお見舞い申し上げます。

多発する自然災害は、日本人の生き方、とりわけその死生観に強い影響を与えてきたことは多くの識者が指摘するところであります。私たちも、「3・11東日本大震災」を経験して、そのことを深く実感せざるを得ませんでした。そして同時に、かつてない大きな試練に直面して、改めて思ったことは、学生諸君にいかなる困難にも負けない「人間力」を身につけてほしいということでした。

私たちの大学である東日本国際大学・いわき短期大学は、儒学を建学の精神としております。小規模な大学ながら、東洋思想研究所と儒学文化研究所を擁し、建学の精神を体現すべく、さまざまな試みを重ねてきました。その一つが、一昨年にスタートした「人間力育成講座」です。これは、「3・11」の体験を踏まえ、各界で活躍する第一人者をお招きして、講演をしていただくものです。同講座には一般市民も参加し、共感の輪を地域に広げるとともに、学生を啓発し、未来への指標を与える貴重な機会として定着しております。本書には、こうした講演の中から6編を選び、収録しました。

一方、本学にとって最重要の行事となる「孔子祭」があります。これは、平成元年（1989年）に、大学の構内に孔子を祀《まつ》る大成殿が完成したことを記念して、毎年、行われるようになったもので、本年で第28回を数えるに至っています。「孔子祭」では、これまで国内外から多数の有識者を招き、記念講演やシンポジウム等を意欲的に開催するなど、国際的な学術交流のネットワークを着実に広げる原動力となってきました。本書には、これまでの記念講演の中から、特に震災後に発表された3編の講演を収録しました。

これら全9編の講演はいずれも、深く濃密な内容を含みながら、平易な言葉で語られており、一つ一つに説得力があります。多くの人にぜひ聞いていただきたいと思うような講演でした。それだけに、こうして本書を発刊できたことは嬉しい限りです。少しでも多くの人が本書を手に取り、人生への指針となるエッセンスを汲み取っていただければ幸いです。

２０１６年６月

学校法人昌平黌理事長　緑川　浩司

人間力とは何か　目次

人間力とは何か

公共哲学とWA

山脇直司

◉山脇直司（やまわき・なおし）
1949年生まれ。ドイツ・ミュンヘン大学で哲学博士号を取得。東京大学大学院総合文化研究科教授を経て同大学名誉教授に就任。現在、通信制大学の星槎大学副学長。
主な著書に『グローカル公共哲学』（東京大学出版会）、『公共哲学とは何か』（ちくま新書）、『社会とどうかかわるか』（岩波ジュニア新書）、『公共哲学からの応答 3・11の衝撃の後で』（筑摩選書）などがある。

今日の講演の題は「公共哲学とＷＡ」となっておりますが、この「ＷＡ」は、平和の「和」、連帯の意味の「輪」の二つの意味を兼ねており、また英語の「ＷＡＲ」との対比も含意しております。本日は、そうした様々な「ＷＡ」の意味合いの違いについて念頭に置きながらお話ししたいと思います。前半では公共哲学とは一体どのような学問であるのかについて、さらに、孟子について――というのも、今日は孔子祭ですが、孟子の哲学というのは公共哲学の原点にして今日的な意味も持っておりますので――お話しし、後半は「ＷＡ」としての「和」の本質的な意味について考えてみたいと思います。

公共哲学について

では、最初に「公共哲学」とはどのような学問であるのか、分かりやすいように黒板を使いながら、進めていきたいと思います。「善い公正な社会を追究しながら、現下で起こっている深刻な公共的問題と取り組む学問」が、公共哲学の定義です。黒板に「善い社会？」「公正な社会？」と書きました。時間があれば、皆さんの一人一人に、どのような社会が善い社会なのか、また、どのような社会が公正な社会なのか、質問してみたいところですが、今日は時間がありません。しかし、どのような社会が「公正な社会」か、「善い社会」かを問いかけ、自分自身で考えてみるところから公共哲学は始まります。

たとえば「善い社会」というのは「皆が幸福になれる社会」あるいは「皆が幸福になれるような条件が整った社会」である、という考え方があります。実際、古代ギリシャのアリストテレスは、最高に善い社会とは「皆が幸福になれる社会」であると考えました。しかもそれは、単に「最大多数の最大幸福」といった功利主義的な考え方とは違って、一人一人が個性をもって自分を伸ばしていく社会、皆がそれぞれ相互に触発されながら幸福になっていく社会、自分だけではなく他の人にも幸福になってほしいと願う社会というものでした。この社会をアリストテレスは「コイノニア」と名付けます。このコイノニアでは、画一的な幸福があるのではなく、一人一人が個性を伸ばしながら自己実現できる社会です。たとえば、スポーツが得意な人はそれを伸ばし、職人芸が得意であればそれを伸ばす。そのようにそれぞれの個性に合った自己実現を可能にするような社会、それが最も善い社会「コイノニア」だと考えたわけです。

では「公正な社会」とは何でしょうか。これは、誰も差別を受けないで公正に扱われる、そして個性を持ちながら自己実現をしていける社会です。皆さんは、これまでに不公正や差別をされるという経験をしてきたかもしれません。そうした時に「なぜ？」と非常に不愉快に思われたことも多いことでしょう。あるいは、スポーツの場合「フェア」ということがとても大切ですね。そして社会においても、やはりこの「フェア」という精神が大切になってくるわけです。つまり「公正な社会」ということは「フェアな社会」ということですね。ですから、「公正な社会とは何か」を皆さん方が最初に学ぶのは、たとえばスポーツにおいてかもしれません。公共哲学というのはスポーツをしながら学べる哲学だともいえるわけです。スポーツでは審判が公正なジャッジを下さなければなりません。野球でもそうですし、サッカーでもそうですよね。フェアに試合をしなければいけません。サッカーであれば、アンフェアな行為をすればイエローカードを突きつけられますし、レッドカードで退場になります。このような形で、みんなが幸福になれるような善い社会とはどんな社会だろうか、そして誰もがルールに従うような公正な社会とは何だろうか、と考えるのが公共哲学であるわけです。

しかし、ただ単に考えただけでは駄目なのです。公共哲学には、もう一つ大切な要件が加わります。それは「現在起こっているような深刻な公共的問題と取り組む」ということです。つまり実践をする、ということですね。皆さんも身近で感じられていると思うのですが、東日本大震災で、多くの方々が津波で亡くなられる、福島であれば放射能の問題に苦しめられている、といった状況があるわけです。そういった公共的な問題をどのように解決するか、その時に、政策的、政治的な問題と実際的に取り組んでいくということが必要になるわけです。つまり、一方で善い公正な社会を目指しながら、他方で現実に起こっているような大きな問題と取り組む、そうした学問が公共哲学だと理解してください。

ところで、皆さんの中で、マイケル・サンデル教授の『これからの正義の話をしよう』等のシリーズをテレビで見たことのある方は手を挙げていただけますか？ はい、少ないですけれどいるようですね。ＮＨＫが積極的に取り上げていたので、今では日本でもすっかり有名になりました。ちなみに、有名になる前のサンデルは私も良く知っているのですが、テレビの有名人になるというのは、私自身はあまり好ましいと思わないので、最近は交流していません。それはともかくとして、サンデルさんは公共哲学の第一人者で、先ほどの傅《フ》先生の講演（「君子は預言者かそれとも師儒か」）で名前の出ておりましたテオドア・ド・バリーや、サンデルの先生であるチャールズ・テイラーといった学者たちと、十二年前にハーヴァードで議論して以来の知り合いです。

さて、ここまでは公共哲学全般についての話でした。ここからは、特に儒教の公共哲学、とりわけ孟子の公共哲学についてお話ししていきたいと思います。

孟子の公共哲学

皆さん、もちろん孟子はご存じですよね？　英語ではＭｅｎｃｉｕｓと言います。孔子はＣｏｎｆｕｃｉｕｓですね。ふつう孔子の方が偉いといわれていますが、孟子も政治や倫理に強い関心を寄せていて、現在読んでも学ぶところが非常に多い思想家です。ですから、公共哲学は非常に古くからあった学問であるともいえるのです。西洋では先ほど申しましたように、アリストテレスに遡《さかのぼ》れますし、東洋であれば、――孔子も挙げることもできるかもしれませんが――、少なくとも孟子にまで遡ることができると私は思います。ちなみに、私が二〇〇四年十二月に国立台湾大学で『東西の公共哲学』というシンポジウムに参加した時、二枚の肖像画が掲げられていまして、その一つがアリストテレス、もう一つが孟子でした。このように孟子は、台湾でも公共哲学の祖の一人として位置づけられているわけです。さて、孟子は様々なことを語りましたが、今日はその中で二つばかり取り上げてみたいと思います。

　私たちの日常生活の中で「良心」という言葉がよく使われます。たとえば「君には良心の声が聞けないのか？」という言い方も耳にしますね。「四端《したん》の心」というのは、この「良心」

という言葉と重なり合う概念です。この「四端の心」について、皆さんすでにどこかで習いましたか？　もし今まで習っていなくても、ここは儒教の伝統につながる大学ですから、絶対に覚えてくださいね。それで孟子は、「四端の心」の四つの心を次のように挙げております。

・惻隠〔そくいん〕
・羞悪〔しゅうお〕
・辞譲〔じじょう〕
・是非〔ぜひ〕

これらはそれぞれ、どのような概念なのでしょうか？

まず「惻隠」は、「あわれみの心」を意味します。たとえば、幼い子どもがよちよちと井戸に近づいていくのを見かけたとします。その時、誰もがはっとして「かわいそうだ、救ってやろう」と思うでしょう。それは別に子どもを救った縁でその親と近づきになりたいと思ったからではないし、村人や友人に褒めてもらうためでもない。あるいは、救わないことで非難されるのが怖いからでもない。そうではなくて、「かわいそうだ」と思う心は、人間誰もが備えているものだ、と孟子は主張したのです。

さて問題は、人間性についてここまで言い切れるかどうかですが、皆さんもそうした状況になれば「かわいそうだ、救ってやりたい」と思うでしょうか？　孟子はそういう良心の声というものを徹底的に信じた人なのです。しかし、後でもう一度取り上げますが、同じ儒教の中でも荀子《じゅんし》のように、それはあまりに理想的な考えだとみなして、そういう思想を疑って信じなかった人もいます。同じ儒教の中でも意見は分かれるわけです。けれども孟子は、そういう「かわいそうだ」と思う心は誰でも持っていると考えました。そうしなければ非難されるからとか、下心があるからとかではなく、純粋に「かわいそうだ」と思って苦しんでいる人を救う心、これが「惻隠の心」なのです。これを推し進めていくと、博愛を意味する「仁」という徳に行き着きます。つまり、これは「仁」の芽生えであるということになります。

さて、「羞悪」というのは、悪を羞《は》じ、悪《にく》む心ということです。つまり、自分が悪いことをしたら恥じる、そして他人が悪いことをしたらそれを非難する心ですね。これを推し進めると、正しい道を意味する「義」という徳に至ります。つまり「仁義」というのは本来こうした意味なのです。今日の日本では「仁義」というと、ヤクザの言葉を意味し、「仁義なき戦い」といった形で使われがちですが、本来これとは別の意味だということを、理解してもらいたいと強く思います。

そして「辞譲」ですが、これは譲り合いの心という意味です。これを推し進めて広げていくと「礼」という徳になります。この礼というのも、他人からたたき込まれるものではなく、心の自然な表れ、心から自然に出てくるものである、と孟子は言うわけです。

最後は「是非」です。何が善いか悪いかは、他人から教わらなくても自然に分かるのだというのが是非の心です。これを推し進めていくと「智」という徳に至ります。

孟子はこのように、人間は「良心」を生まれながらに自然と持っていると考えるわけです。それは性善説といわれ、また理想主義的な考え方であるとも評されます。しかし孟子が、批判されなければならないほどの「理想主義的」なのかどうかは、後ほど検討します。まずは、孟子がどのように、こうした「生まれながらに持つ自然本性」を説明しているかを見てみましょう。

孟子は言います。人間が生まれつき四肢を有するように、こうした四つの芽生えを備えているのだから、自分には仁義礼智など実行できないと考えるのは、自分を傷つけるような行為なのだ、と。そうではなく、自分に生まれつき備わっているこうした四つの芽生えを育てるべきなのであり、そうすればこうした芽生えは、木が萌《も》え出し泉が湧き出るように限りなく大きくなっていく、そして、それを育てていけば天下を安定させることすらできる。しかしそれを育てられなければ父母を養うことすらもできない。孟子はこう言ったのです。ですから孟子の考えでは、教育の使命は、できるだけその人が本来持っている良さを生かし伸ばすことであり、もしそうした芽生えが圧迫されているのなら、障害を取り払ってやり、再び芽生えを成長させてやることだ、ということになります。この考えは、現代の公共哲学が「civic virtue」、すなわち「市民的徳性」と呼ぶものと重なります。つまり、上からたたき込むのではなく、人々が自発的に実践する――つまりボランティア的な――徳のことです。お上が命令して強制的に徳を育てるのではなく、一人一人が自分の中の徳に気付いて、それを育てながら実践することで、上からの強制はそこにはないのです。

荀子と法家

今日は時間に余裕がありますので、その後の中国思想の中での展開について、少し付け加えておきたいと思います。孟子という人は、儒教の中でも非常に偉い人ですが、その儒教の中にも孟子のこうした人間の見方に反対した別の流れがあります。たとえば、先ほど挙げた荀子という人です。荀子は、孟子の考え方は非常に甘いものだと批判します。というのも、荀子の考えでは、人間は非常にエゴイスティック（自己中心的）な存在なのです。だから、仁義礼智といった徳は教育によって鍛えて心にたたき込むしかないのだ、と荀子は主張します。この考え方は「性悪説」と呼ばれています。もしここまでの話で、孟子の考えは甘いのではないか、と思われた方は、ぜひ荀子を読んでみてください。そして、孟子と荀子、どちらが正しいのかと問いかけ、考えてみることで、あなた自身の考えを深めることができるはずです。

さて、ここまでが儒教内部での考えでした。他に、法家という人たちがいます。法家を代表するのは、たとえば韓非子《かんぴし》といった人で、儒家と違って、徳ではなく、法律を用いて悪いことをする人を罰することで社会秩序を作り上げていくのだ、といった考え方をする人たちです。しかし、韓非子は荀子の弟子であり、先ほど述べました荀子の「性悪説」的な考え方を受け継いでいますから、荀子の考えとそれほど遠くないかもしれません。このように孟子に反対する人たちもいましたけれども、私は孟子の考えを支持したいのです。しかし、もし孟子の考えは甘すぎるのではないかと思われた方があれば、荀子などもぜひ読んで、自分自身でどちらの観点が良いのだろうかと考えてみてください。

「恒産なくして恒心なし」

　さて、孟子の思想で、もう一つ重要な哲学があります。それは、先ほど少し触れた「果たして孟子は批判されるべき単なる理想主義者なのだろうか」という問題と絡みます。「恒産なくして恒心なし」という言葉を聞いたことがある方もいるかと思いますが、これもぜひ覚えてほしい言葉です。というのも、これは、孟子が単なる理想主義者ではなく、まさに経済や社会基盤の重要さも認めていたことを示す言葉だからです。彼はこんなふうに言っています。「生活が不安定であっても、良心を失わないのは、ごく限られた人にすぎません。一般の人は生活が安定しなければ良心を失います。一般の人は生活が安定しなければ良心を失うのです。そして当然、罪も犯します。しかし、罪を犯させてから罰するのでは、人民を鳥網にかけるようなものです」と。

　このように、孟子は、良心は生活が安定していなければ簡単に発揮できない、とはっきりと述べています。ですから、孟子は、悪い意味で観念論者、あるいは現実離れした理想主義者では決してなかったわけで、これは非常に大切なポイントです。つまり、どんなに良心を持っていようとも、生活が安定しなければ、それを発揮することは難しい、そして生活が安定しなければ、逆にもともと持っている良心すら失ってしまいかねない、そしてどんどんと悪い方向へ行ってしまう。こう分析しているのです。ですから、政治は良心を発揮できるような生活の安定を実現しなければならない、それが政治の目的であり、最初に考えるべきことである、と孟子は結論づけています。

この思想は、まさに今起こっている社会問題とも重なってきますね。たとえば、いま福島県で起こっていること、あるいは「新しい貧困」といった問題に対して、孟子の思想は、理想主義的でありながら、現実政治とも直結する考え方として有効であるわけです。その意味で、孟子は現代の公共哲学にとっても方向付けを与えるような古典だと、私は考えています。

さて、以上が前半部分でした。後半では、「WA」についてお話ししていきたいと思います。

「WA」とは何か

WAは漢字の「和」と「輪」を表すアルファベットです。

「WA」に「R」を加えると「WAR」になります。このようにアルファベットで「WA」と「W

ＡＲ」は全く対極にあるものだと説明すると、漢字を知らない人、たとえばヨーロッパの人たちにも「ＷＡ」という言葉をすぐに覚えてもらうことができます。実際、私はこのように漢字を知らない人たちに説明することで、この言葉を広めてまいりました。また、先ほど述べたように、私はこの「ＷＡ」に二つの意味――『和』と『輪』――を与えたいと思います。つまり「平和」の「和」と、連帯の意味での「輪」ですね。このことの意味について、後半ではお話ししたいと思います。

先ほど松岡先生から紹介がありましたように、私はＵＮＥＳＣＯ《ユネスコ》という機関で、地域間哲学対話というプロジェクトにコミットしておりました。英語での正式名称はUnited Nations Educational, Scientific and Cultural Organization 国際連合教育科学文化機関というものです。つまり、この機関は、日本の文部科学省の上に立つ機関なのです。さて、みなさんＵＮＥＳＣＯ本部がどこにあるかご存じですか？　ジュネーブだと勘違いされている方も多いかも知れませんが、パリのエッフェル塔の近くにあります。前の事務局長が松浦晃一郎さんという日本の方だったのですが、彼が「和」について語ったら非常に反響が大きかった、とのことです。このＵＮＥＳＣＯが興味深いのは、そこにはアフリカ系やアラブ系の国々の代表団が多く入っていて、アメリカとイスラエルの影響力が弱い点で、最近パレスチナの存在を認めるという提案が可決されるなど急進的な側面も持つことです。

このUNESCO憲章の前文に「戦争は、人の心の中で生まれるものであるから、平和の砦《とりで》を心の中に築かなければならない」と記されています。第二次世界大戦後の反省の中で、平和を目指して作られた文章で、日本国憲法の前文とも通じるものがありますね。そうした国連機関の中で——私も英語で論文を書いているのですが——、「WAの哲学」なるものが知られ始めています。そして、この「WA」とは、東洋思想の伝統と日本思想の伝統の両方に基づいて解釈できるような理念なのです。そこで、東洋思想の伝統における「和」、そして日本思想の伝統における「和」を順番に見ていきましょう。

「和」と「同」——『春秋左氏伝』『国語』『論語』における

『春秋左氏伝《しゅんじゅうさしでん》』という本があります。岩波文庫にも三冊本で入っています。その「昭公二十年」というところで、「和」と「同」の違いについて書かれています。そこでは、様々な食材が入ったスープが例に取り上げられています。スープというのは日本では飲むものですが、外国では食べるものなので、イメージが湧きにくいかもしれませんが、ここでいうスープとは、いろいろな具材が入っている食べ物とイメージしてください。
さて、おいしいスープとは何でしょうか？『春秋左氏伝』は、多様な食材を集め、和《あ》えてスープを作るとおいしくなるが、一種類の同じ食材で作るとまずくなる、といっています。
つまり、一言で申しますと、
和―多様性の統合
同―均質、一つのもの
という対比がここでは語られています。孔子祭の挨拶の中で、緑川理事長が『論語』のお話をされましたが、それ以外の古典でも、すでに「和」と「同」は違うということが述べられていた、というわけです。
このように「和」というものは、様々な違いを前提としながら、そこで調和や統合を考えることを意味するのですが、それが、『春秋左氏伝』ではおいしいものを作るという料理の比喩で考えられています。また、音楽でも「和声」といった言葉があります。たとえばオーケストラを考えてみても、様々な音色や楽器、奏者があり、それを指揮者がまとめ上げながら一つの曲を演奏していくわけで、それとも通じる話です。
『春秋左氏伝』が興味深いのは、それと同じことが、殿様と家来の関係、上司と部下の関係についても言えるのだ、と付け加えている点です。つまり、上司がこうだと言えば、部下も同じことを言う、上司が駄目だと言えば、部下も駄目だと同じことを言う、そうした関係ではいけないのであって、上司や上に立つ人物が何かを言っても、それがおかしいと思えば部下は遠慮なく進言するべきであり、上司の方でも、それが正しいようであれば意見を変える、それこそが「和」の姿である、と説いています。要するに、何でも「はいはい」と応じるイエスマンでは駄目で、それは「同」に過ぎないのです。命令したとおりに動くロボットを集めるのではなく、様々な意見を出させて、それを取り入れながら政治を動かしていく、これこそが「和」であって、そうした行動によって、国は礼にそむかず、民からも争奪の心がなくなる、と述べられています。『春秋左氏伝』は戦争と平和に関する本でもありますが、このように平和の論理としての「和」が、人間関係を基軸として説かれています。

さらに『国語』という古典があります。これは、皆さんが学校で勉強されてこられたような日本語という意味ではなく、春秋時代の中国を扱った歴史書です。こちらも邦訳は文庫ではないのですが存在しますので、図書館で探してみてください。

この書の中でも「和」と「同」の区別が説かれています。それによれば、

和――ものを生み出す、発展させる

同―そうしたダイナミズムがない

という違いが記されています。日本の江戸時代の思想家、荻生徂徠《おぎゅうそらい》も類似したことを述べているように思われます。つまり「和」は、物事を引き継いで発展させていくというダイナミックなものなのですが、「同」にはそうした性質がないというわけです。

また、儒教の最も基本的な思想として、『論語』の中に、「君子は和して同ぜず。小人は同じて和せず。」という有名な言葉があります。皆さんもこれはご存じでしょう。

○　和して同ぜず（＝君子）

×　同じて和せず（＝小人）

ということですね。

さて、これはどのような意味でしょうか？　君子の姿として語られる「和して同ぜず」は、意見が違う人もいろいろあるとしても、そういった中でも喧嘩《けんか》をせずに、意見の違いを認め合いながら協力し合う、という意味です。これに対して、小人について語られる「同じて和せず」というのは、表面的には「そうだ、そうだ」とお互いに同意して合わせているように見えても、陰では悪口を言い合い、足を引っ張り合っている状態を意味しています。つまり、本当の意味で協調性がある社会というのは「和して同ぜず」をベースにした社会であり、それはまた、一人一人の個性が基盤にあるような社会なのだ、という主張なのです。

ですから「みんな仲良く」といわれたりしますが、この「みんな」というものを、均質な集団としてではなく、それぞれ個性を持った、異なった各個人の集まりとして考える必要があります。個性を持って、それぞれ異なった「みんな」が、お互いに認め合うということが大切で、そこには「違いを認め合う」という態度が入ってきます。

それに対して、たとえば「いじめ」という態度は、「あいつはみんなと違う」「生意気だ」、そして「違うから追い出してやろう」「いじめてやろう」という形で出てくるわけです。そこには「和」はないのです。

そうではなく、多様性を認め合うところにこそ「和」が生まれる、これは非常に大切なポイントです。

以上は、中国古典を通して見た東洋思想としての「和」ですが、日本でも、聖徳太子が「和をもって貴《とうと》しとなす」といっていることが有名ですね。そこで、ここからは、日本独特の「和」について、特に「和」の訓読みを通して考えていってみましょう。

日本思想としての「ＷＡ」

「和」という漢字の訓読みには、「和らぐ」「和らぎ」「和やか」「和む」というものがあります。そこでは「柔らかい」とか「柔和な」といった意味が、ソフトなイメージが入ってきます。おそらく、こういったニュアンスは中国思想における「和」には必ずしも入っていないのではないでしょうか。つまり、訓読みを通して見た日本語の「和」には、「心の平安」といったニュアンスが入ってくるわけですが、そこには、おそらく儒教だけでなく、仏教的な要素の影響があるのだと思われます。

こうした日本的な「和」からは、男性的なたくましさというよりも、女性的な優しさから出てくるような平和概念が考えられます。つまり、男性中心主義的で闘争的な平和運動ではなく、柔和で和やかな平和の「輪」という意味での「ＷＡ」に基づいた平和思想と平和のための「輪」の可能性が含意されているということです。そして、まさにこれこそが、二十一世紀の平和の公共哲学として考えられていくべき概念だと私は考えております。

ですから「ＷＡ」というものは次のようなものだと言うことになるでしょう。まずは、東洋思想の伝統において、「同」と対比された、何よりも多様性を認め、発展を生み出していくようなダイナミックな協調の原理としての「ＷＡ」です。そして次に、日本の伝統において、非常にソフトでありながら、平和を目指して助け合いを行っていく平和で和やかな「ＷＡ」であります。こうした「ＷＡ」は、まさに西洋に対して、日本から発信し続けていくべき理念だと思います。

こうした「和」という概念を、英語では「harmony in diversity and differences」と言い表すことができるでしょう。

また、さらに付け加えるとすれば、「和解 reconciliation」という言葉でしょう。もしかしたら、みなさんには、和解と聞くと裁判の場面での意味がまず思い浮かぶかもしれませんが、喧嘩《けんか》しても、その後に仲直りするという概念です。難しいことですが、相手が謝ったら、相手を許す、ということです。それは、決して簡単なことではありませんが、一度喧嘩しても、その状態を続けるのではなく――そうしたことは、みなさんの学生生活の中でもあると思いますが、それは精神衛生上も良くないことですね――、互いに謝り許しあうこと、これが「和解」です。こうした「和解」において「ＷＡ」ということを考えてみると、「ＷＡ」という概念は、さらにいろいろな含みのある理念として、思想として育ってくると思います。また、このように「ＷＡ」を考えてみることで、心の平和と社会の平和が両立しうるものとなってきます。そしてその「輪」が広がることで、「ＷＡ」の概念も豊かに発展することでしょう。

東洋発の世界に向けて発信し続けてゆくべき理念

最後に、今日お話しした内容を振り返ってまとめてみましょう。

最初に「公共哲学とは何か」というお話をしました。

それは「善き公正な社会とは何か」を考えるという学問でした。つまり、みんなが幸せになるような社会とは何か、そしてそのための条件とは何かといったことを考える学問である、ということでした。それは、フェアで公正なルールに基づく社会というものを考えることでもありました。また、それだけではなく、どのような問題が、現在起こっているか、そしてそれに積極的に取り組んでいく学問でもあるということでした。たとえば、原発問題がまさにそうでしょうし、新しい貧困といった問題もそうですし、若者が生きがいを失っているような状況がある、そういった社会を何とか変えたいと願い、具体的な解決を探るのが公共哲学の本質を成すということを話しました。

しかし、こうした「公共哲学」は、今日、新しい学問として突然登場したものではなく、古くからあったものだということも確認しました。西洋であれば古代ギリシャのアリストテレスに遡《さかのぼ》ることができるでしょうし、東洋であれば、孔子や孟子から始まっているということができるでしょう。そして、とりわけ孟子の場合、現代に与えるメッセージを持っているということを確認しました。それは「四端の心」というものが人間の中に備わっているという考え方です。つまり四つの端、「惻隠《そくいん》」は仁へと育っていく端であり、「羞悪《しゅうお》」は義へと、「辞譲《じじょう》」は礼へと、「是非」は智へと育っていく端である、という考え方です。そして、また、人間はこうした徳性を生まれつき持っていて、それを育てるのが教育であり、徳性は上からの押しつけるようなものではない、という思想です。

また、これに加えて重要なのは、孟子は、生活が安定していなければ、こうした徳性は実現することができず徐々に失われてしまう、と考えていたことです。つまり、経済や生活の安定が、生まれ持った四端の心を引き出し徳性を育むために重要であると主張していた点です。そして、それを実現するのは政治の役割であるということになります。この思想は、「恒産なくして恒心なし」という言葉に要約されています。このように、孟子の思想というものは、悪い意味での観念論でもなければ、単なる理想主義でもない、現実を踏まえたリアルなメッセージでもあることを見てまいりました。そして、次に「和」について、まずは「同」と対比される形で、「和」がどのように考えられていたのかを、『春秋左氏伝』『国語』『論語』といった中国の古典を通して確認しました。

たとえば『春秋左氏伝』では、おいしいスープとは何かという具体例を通して――つまり、多様な食材によってこそ、一つの統一されたおいしい味はできる――味の多様性と統一としての「和」の醍醐《だいごみ》味が語られていました。また、それは単に調理だけの話ではなく、上に立つものは、常に部下たちの多様な意見を取り入れることで、そしてまた部下たちも積極的に異なる意見を述べることで、リーダーシップとそれを支えるものたちとの相互作用が成り立つ、それこそが「和」である、ということが語られていました。

また、『国語』においては、そうした和こそ、単なる現状維持ではなく、発展させ、新しい何かを生み出す原動力となるダイナミックなものであるということが強調されていました。そして、それは『論語』の「和して同ぜず」という考え方にもつながっていることを見ました。

また、日本においては、「和」という語の訓読みにも見られるとおり、「和やか」「和む」「和らぐ」という癒やしとしての「WA」があるということを確認しました。そして、そうした「WA」は、さらに、お互いにぶつかった後にどのように許し合うのかという「和解」の問題としての「WA」や、平和の輪にもつながっていくこともお話ししました。

このように「WA」は、「同」とも異なり、また「WAR」とも対立するものとしてあるのであり、これこそが日本発の、あるいは東洋発の、世界に向けて発信し続けていくべき理念である、というのが今日の結論です。（二〇一二年六月二十二日、第二十四回「孔子祭」にて）

人間力《とは》何か

時代を読む

日本人は現代という時代を
どう生きるべきか

森田 実

◉森田　実（もりた・みのる）
1932年生まれ。東京大学工学部卒業。日本評論社出版部長、『経済セミナー』編集長を経て、政治評論家として独立。山東大学名誉教授、東日本国際大学客員教授。テレビ・ラジオ・著作・講演などで幅広い活動を展開している。
主な著書に『政治大恐慌　悪夢の政権交代』（ビジネス社）、『公共事業必要論』（日本評論社）、『森田実の言わねばならぬ　名言123選』（第三文明社）などがある。

はじめに

21世紀、日本人が生き方の根本におくべきは、20世紀に自分たちが行ったことをきちんと総括し、反省し、20世紀の失敗を繰り返さないようにしっかりと平和に生きることだ、と私は思っています。

20世紀の日本は大きな失敗をしました。日本人は、いまだにこの失敗を反省せず、20世紀的生き方から脱皮しているとは言えません。21世紀初頭のいま、日本は大きな壁にぶつかっています。この壁は、20世紀の過ちをしっかりと反省せず、克服できずにいることに最大の原因があると思います。

20世紀日本が犯した過ちとは、戦争です。日本が戦争したことです。日本は敗北し、米国を中心とする連合国に無条件降伏しました。その結果、日本は米軍の占領下におかれました。その後、日本は形式的には独立国になりましたが、米軍基地は沖縄をはじめ本土の各地におかれたままです。日本は事実上は米国の従属国です。

日本は、第二次大戦終了後70年がたつのに、完全な独立国とは言えないのです。日本の防衛を米軍の軍事力にゆだねているのです。しかも、政治家のほとんどが、この状況に不満をもたず満足しています。日本の防衛が半永久的に米軍にゆだねられてしまっていることに、政治家もジャーナリズムも国民も、疑問をもたない状況になってしまっています。国民が独立国の国民としての意識を失いつつあるとすれば、これは看過できない重大なことです。

日本は、いま大きな岐路に立たされていると思います。今後、百年も千年も、半永久的に米国の事実上の従属国として生きていくのか、それとも、厳しい外交交渉を覚悟して、真の独立国への道を選ぶのかの岐路にあるのです。

第二次大戦後の日本の出発点はポツダム宣言

大日本帝国はポツダム宣言を受諾することによって連合軍に無条件降伏しました。ポツダム宣言が発せられたのは1945年7月26日でしたが、このとき日本政府の主導権をとっていたのは徹底抗戦派の陸軍でした。日本政府内の和平派が天皇の力を借りてポツダム宣言受諾に踏み切るまでに19日を要しました。日本政府がポツダム宣言受諾を決定したのは1945年8月14日でした。この間、多くの悲劇が起きました。米軍は広島と長崎に原子爆弾を投下し、約30万人の日本国民の生命を奪いました。1945年8月9日にはソ連軍が旧満州（現中国東北部）地域に攻め込みました。これにより旧満州において大悲劇が起きました。旧樺太《からふと》、北方領土でも悲劇が繰り返されたのです。

　ポツダム宣言は戦後日本の生きる方向を決定した基本文書です。しかし第二次大戦後の日本はポツダム宣言どおりには進みませんでした。ポツダム宣言は日本政府に厳しい義務を課したものでした。日本政府はポツダム宣言によって課せられた義務を果たしました。しかし、連合国すなわち米国は果たしていません。ここに問題があります。

　ポツダム宣言はその12項で、日本国民の自由意思により平和的政府が樹立されれば占領軍は直ちに撤収するとの連合国側の義務を定めています。連合国すなわち米国政府は、日本が平和・民主の政治制度をつくり、民主主義的に選んだ政府が樹立されても、占領軍を撤退させず、1951年の対日講和条約の締結と同時に行われた日米安保条約（第一次）の締結と1960年の日米安保改定によって、ポツダム宣言第12項を事実上無効にしてしまったのです。その結果、日本は事実上米国の従属国として生きることにされてしまったのです。日本の真の独立回復は、半永久的に先送りされました。このままでは、日本は百年後も五百年後も千年後も米国の従属のままです。永久に独立国にはなれないのです。

20世紀前半期の日本最大の失敗

20世紀の前半、日本の政治は大きな過ちを犯しました。日本は軍事国家の道を進み、ついに侵略国家になり、戦争をしてしまったのです。大日本帝国の軍国主義への転落は、19世紀末から始まりました。19世紀末の日清戦争の勝利をきっかけに政治の主導権は軍国主義者の手に握られました。明治維新後の「富国強兵」の路線は、「強兵」の方向へ傾斜しました。20世紀に入るとともに大日本帝国は軍事力を強め、アジア諸国の植民地化に向かってアジアへの進出を強めていきました。

1930年代の経済恐慌の深刻化のなかで、軍部が国内政治の主導権を握りました。1930年代後半期には中国への軍事侵略行動をエスカレートさせ日中戦争を始めました。戦争のなかで政治指導者、軍部指導者は狂気化の度を深めていきました。そしてついに、昭和16（1941）年12月8日、日本海軍がアメリカ・ハワイオアフ島真珠湾への奇襲攻撃を仕掛け、無謀な日米戦争を始めてしまいました。日米両国の力の差は歴然としたものでした。大日本帝国は狂気の軍部に乗っ取られ、絶望的な戦争の泥沼に入っていったのです。開戦以後、戦況は次第に悪化してきました。米軍による日本本土への爆撃が激化し、昭和19年以後は、制空権も制海権も米国に握られてしまいました。

１９４５（昭和20）年8月、日本政府はポツダム宣言を受諾し無条件降伏して戦争が終わったとき、国民３１０万人の生命が奪われていました。国民の財産の大部分が失われました。沖縄、広島、長崎、旧満州地域は地獄と化しました。ほとんどの家族が、戦争で肉親を失いました。戦争は国民に深い傷を残しました。

20世紀前半の日本の最大の失敗は、平和を守る努力を怠り、軍事力に頼り、植民地支配と侵略戦争への道へ向かって暴走したことにあります。第二次大戦後の日本は、戦争への反省から平和国家として再出発しました。

20世紀後半の日本の失敗

第二次大戦後の日本は、米国政府が指導する連合国の占領下から出発しました。しばらくすると連合国は実質的には米国一国になりました。日本は事実上、米国の占領下におかれたのです。

1951年が日本の岐路でした。米占領軍は1951年の対日講和条約の締結と同時に、政府に日米安保条約を押しつけました。日米安保条約は米軍基地を沖縄はじめ日本国内に設置し続けることを条約によって日本に義務づけました。米国政府はポツダム宣言12項の「日本からの撤退」という連合国の約束を踏み潰したのです。

しかし、これは、日本国民にはどうすることもできないことでした。日本政府にとってもどうすることもできなかったと思います。日本政府が自己主張して完全な独立国への道を求めたとしても、米国政府の力によって踏み潰されてしまった、と思います。やむなく、日本は、米国の強圧的占領政策を受け入れて、経済面での再建に向かいました。

政治面でのストレートな自己主張をする日本の政治家は、米国政府によって潰されました。米国政府に従順だった岸信介内閣の退陣後、日本は経済成長への道に進みました。

しかし、経済成長を通じての日本再建の道は挫折しました。1970年代の石油危機によって日本の高度経済成長はストップしました。資本主義はスタグフレーション（経済の停滞下での物価の急上昇）という異常事態に直面しました。

このときイギリスで政治革命が起きました。サッチャー革命です。サッチャー首相は第二次大戦後の福祉国家路線を否定し、市場原理主義、弱肉強食主義肯定の新自由主義に向かって暴走し始めました。このサッチャー革命は米国に波及し、2年後に米国でレーガン革命が起きました。サッチャー・レーガン革命の勢いはすさまじく全世界に影響を広げました。

日本ではレーガン革命に呼応して中曽根革命が起きました。世界も日本も新自由主義の革命に向かって暴走し始めたのです。20世紀後半の日本の政治の過ちは、このサッチャー・レーガン革命の流れに乗って、中庸主義を放棄したことにありました。

日本の政治の基礎は、平和主義・博愛主義・言論の自由尊重（多元主義）・平等主義・地方分権（地方重視）主義にありました。日本の政治の理念は次の5人の歴史上の人物が発した言葉で示されていたのです。

（1）和を以て貴《とうと》しと為す（聖徳太子）

（2）一隅を照らす者は国の宝である（最澄）

（3）広く会議を興し万機公論に決すべし（明治天皇）

（4）天は人の上に人を造らず、人の下に人を造らず（福澤諭吉）

（5）国家の実力は地方に存する（徳富蘆花《とくとみろか》）

日本の政治の理念はこの5原則を基礎にしています。この5原則を失ったら、日本の政治は乱れます。しかし、現実には、この5つの政治理念の否定が起きました。

新自由主義、競争主義は、グローバリズムの衣をまとって全世界に広がりました。日本もこのグローバリズムの波にのみ込まれました。この結果、日本民族のもつすぐれた文化、風俗、習慣が崩れました。逆にいえば、日本は自らの努力で守り抜くべき「独自の生き方＝中庸主義」を放棄したのです。これは20世紀後半の日本の失敗でした。

私たちがいまなすべきことは、20世紀日本を総括し、反省することです。日本人は20世紀のこの二つの失敗を反省することが、21世紀に日本を再興していく道への出発点だと思います。

米国主導のグローバリズムのなかで

1970年代のサッチャー革命、レーガン革命以後、世界の主導権は米英中心のアングロサクソンが握りました。米ソ冷戦は米国の勝利に終わりました。ソ連共産主義体制は崩壊し、米国一極体制の時代になりました。

米国一極体制になるとともに、平和共存という国際政治を主導してきた考え方は衰退しました。中国が政治的、経済的、軍事的に巨大化し、米国に次ぐ大国に成長してくるとともに、米国を中心に「自由と民主主義の価値観」を強調する傾向が高まってきました。日本では安倍首相が「自由と民主主義の価値観と法の支配」を強調するようになってきました。これが中国批判、中国排除、中国の孤立化を意味する議論であることは、中国側は十分に知っています。

第二次大戦後に確立した政治体制の違いを乗り越えて平和的関係を維持するための平和共存への強い意識は衰退し、政治体制の違いによって差別化を行おうとする傾向が強まっています。米国政府と日本政府が、平和共存否定を主導しています。

最近、米国政府が主導し、安倍首相が仕掛け人的役割を演じて、中国孤立化政策と中国包囲網形成政策が展開されています。これはきわめて危険な政策です。最も優先されるべきは、政治体制の違いを超えた平和共存です。これが平和を守る道です。平和共存思考の衰退により、世界戦争の危険が増してきているという現実から、私たちは目をそむけるべきではないと思います。

新自由主義の広がりのなかで、個人的な経済的利益優先思想が強まってきています。この傾向を、多くの識者は「自分さえよければ思想」と呼びました。

社会は人と人との信頼関係で成り立っています。人と人とを結びつけているものは、共存共栄の思想であり、隣人愛であり、道徳です。友愛と道徳が人間社会の基礎をつくっているのです。しかし、自己の利益の追求を優先する「自分さえよければ思想」の広がりによって、道徳が崩れ始めています。

最近、「いまだけ、金だけ、自分だけ」という風潮を強く批判している農学者がいます。東大農学部教授の鈴木宣弘さんという人です。

道徳社会においては「いまだけよければよい（将来はどうなっても構わない）」という考え方で行動する者は、異常者です。「金もうけさえできればよい。金がすべてだ。金さえあればよい」という考え方で行動している人も異常者です。「自分さえよければよい」という考え方で生きている人も、異常者です。しかし、「いまだけ、金だけ、自分だけ」という生き方をしている者は、いまの社会では増えています。

米国主導のグローバリズムの波に乗って「自分さえよければ思想」が世界中に広がってきているのです。私たちの社会はモラルを失いかけているのです。この事実から目をそらしてはなりません。道徳復旧は、今日に生きる私たちの最大の責任です。

求められる自立・独立自尊の精神の回復

第二次大戦が終わったとき、私は中学1年生でした。わずか4カ月間だけ学徒動員で軍隊の指揮下で働きました。少年期の経験とはいえ、戦争の体験は忘れられません。それから70年間、この時代とともに生きてきましたが、最近とくに痛感することは「日本人の意識のなかの『自立』『独立自尊』の精神が希薄になってきているのではないか」ということです。

沖縄と本土に多くの米軍基地がおかれていることについて、当たり前のことと考えている人が多いと思います。私などは、米軍基地がこれほど多く存在しているということは、日本の独立が制限されていることだ、と思うのですが、私の考えに同調する人はごく少数です。

日本の防衛を米軍にゆだねていることについても、国民のほとんどが当たり前のことだと思っています。しかし、私は納得できません。世界に200カ国近い国がありますが、そのなかで自国の防衛は自国民で行わなければならない、と考えない国はほとんどないと思います。どんな小国でも自分の国は自分で守るべし、と考えているのです。

日本は、自国の防衛を米国政府に全面的にゆだね、米国政府におんぶにだっこの状況にありますが、これでは日本は独立国ではなくなってしまいます。私たちは、まず、自らの意識を変える必要があるのです。自分の国は自分で守るという思想をもち、米国政府との良好な関係を維持しつつ、話し合いを通じて一歩一歩、独立の方向へ進むようにすることが大切です。まず日本国民自身が「独立の精神」をもつことが、独立の第一歩だと思います。

哲学の祖といわれてきた古代ギリシャの哲学者が残した言葉に「この世の中で一番むずかしいことは自分自身を知ることである」というのがあります。このとおりだと思います。私たちは、絶えず、自分自身を見失う危険のなかにいます。しかし、自分自身を見失ったら、責任ある人生を歩むことができません。このターレスの言葉は、個人だけでなく、集団にも当てはまるものです。民族についても当てはまると思います。

日本民族は最近、「日本民族とは何か、何者なのか」ということをあまり考えなくなっていると思います。いまから120年ほど前のことですが、新渡戸稲造《にとべいなぞう》が『武士道』という本を書いて、日本人の思想の源流は神道、仏教、儒教だと述べました。たしかに日本民族の思想の源流にあるのは神道、仏教、儒教です。この三つの思想が融合して日本人の精神構造ができているのです。

新渡戸稲造が『武士道』を書いてから120年以上がたちましたが、この間、日本は欧米文化、欧米思想を取り入れて生きてきました。第二次大戦以前は主として西欧思想、第二次大戦後は主として米国の思想を取り入れてきました。

今日の日本人の思想の源流のなかには西欧思想も入っています。日本人の精神の根底にあるのは神道、仏教、儒教、欧米思想であり、これが精神のなかに溶け込んでいるのです。

しかし、第二次大戦後には東洋思想が希薄になっている事実は、認めざるをえません。いまの日本人のなかからアイデンティティーが希薄になったり失われたりして、欧米思想一色になってしまっているとしたら、これは正さなければなりません。東洋思想を取り戻す必要があるのです。

長年の生活のなかでつくり上げてきた習慣、風土、文化も、米国主導のグローバリズム化のなかで、かなり乱暴に否定されています。たとえば、地域経済の安定のために江戸時代から地域の建設業者が行っていた「談合」は米国政府の圧力によって否定されてしまいました。今日では「談合」は犯罪にされてしまいました。これは反省すべきことです。

今日の世界を「文明の衝突」の時代と捉えている人は少なくありませんが、衝突を肯定する考え方は平和に反するもので、改められなければならないと思います。「文明の衝突」を「文明対文明の対話」に変えるべきです。いま必要なことはキリスト教文明、ユダヤ教文明で、イスラム教文明、仏教文明、儒教文明、日本文明が対立するのではなく、対話することです。
いま日本に必要なことは、東洋思想の再確認です。東洋思想の中心は平和、調和、中庸です。東洋思想の平和、調和、中庸の思想が広がることの意味は大きいと思います。平和への道が開かれるからです。もう一度強調しますが、いま必要なことは、日本人が本来もっている日本人の魂を取り戻す必要がある、ということです。

（二〇一三年十一月二日「人間力育成講座」にて）

人間力とは何か

人間力を育てる脳の使い方

中野信子

⦿中野信子（なかの・のぶこ）
1975年生まれ。東京大学工学部卒業後、同大学院医学系研究科医科学専攻修士課程、同大学院医学系研究科脳神経医学専攻博士課程修了。フランス国立研究所サクレーの研究員を経て、現在、脳科学者として多くのテレビ番組に出演している。東日本国際大学教授。
著書に『脳科学からみた「祈り」』（潮出版社）、『科学がつきとめた「運のいい人」』（サンマーク出版）、『努力不要論』（フォレスト出版）、『脳内麻薬』（幻冬舎新書）などがある。

「人間力」ってなんだろう

皆さん、こんにちは。土曜日なのにたくさんの学生さんが来てくださって、うれしく思います。ありがとうございます。本当はきっと遊びたかったのではないかと思うのですが、これは、もしかしたら出席を取るのかしら?

今日は「人間力を育てる脳の使い方」というテーマで講義をしてくださいということで、用意してきました。まず、自己紹介ですが、先崎先生から概要をご紹介いただきましたとおり、今から約20年前になりますが、東京大学教養学部理科Ⅱ類というところに入学しました。普通は理科Ⅱ類といいますと、3年生で農学部とか、生物系の学部に進学する人が多いのですが、私は化学に興味があって、工学部の応用化学というところに進みました。すこし端折《はしょ》りますが、そのあと医学系の大学院に進みまして、最初は神経科学という、マウスの脳みそを取り出して、その脳をスライスして、脳の回路がどうなっているのか、GFPタンパクといって最近ノーベル賞を受賞したものなのでご存じの方もいらっしゃるかもしれないですが、緑色に光るタンパク質があるのですね、あれを使って、細胞の中であるタンパク質がどんな挙動をしているのかを調べたりしていました。

博士課程でようやく人間の脳についての研究を始めまして、音声言語認知のテーマで2008年に医学博士号を取得しました。そのあとはフランスで、博士研究員、いわゆるポスドクといわれる立場ですが、これを2年ほどやりまして、そうして日本に帰ってきて、今は研究・執筆を中心に活動しております。

テレビをよくご覧になる方は、そのうちどこかで見かけるかもしれません。あの人の講義を聞いたな、というのを、テレビで見かけたらちょっと思い出してみてください。

さて、今日の本題は「人間力を育てる脳の使い方」ということで、どういう話を用意してくればいいのかなと、しみじみと考えたのですけれども。そもそも、「人間力」って何なんでしょうね？　ということを、しみじみと疑問に思ってしまったわけです。よくよく考えてみますと、すごく漠然とした言葉ですよね。「人間力」っていろいろキーワードとして、そこかしこで聞かれる言葉であるのですけれども、意外と定義がはっきりしていないのです。「人間力」ってこういうものだという考えのある人、いますか。もし、言いたいという人がいたら挙手をお願いします。目が合ったので、そのピンクの彼はどうですか。「人間力」どんなものだと思いますか。

（生きる力だと思います、という返事があって）生きる力ですね。すごく簡潔で、人間力、という言葉の表すところをよく表現していると思います。私もその考え方に賛成です。ちょっとこのあと、少し時間をかけて、人間力、という力について説明していきます。

実は、今日の講演のポスターに、「人間力の育成」と書いてあって、その脇に、ちらっと、小さく書いてあるのですね。「困難を乗り越え、未来を切り拓《ひら》く力」と。最初に、ポスターを見ておけばよかったかもしれません。皆さんも、実はちゃんと読めてはいなかったかな？

しかしながら「困難を乗り越え、未来を切り拓く力」と言っても、ではそれは何なのだろう。具体的に言うと何でしょう。「困難を乗り越え、未来を切り拓く力」は、もしかしたら、身体的な能力のことかもしれませんよね。筋肉の力かもしれない。あるいは、すごく肉体的にしんどいときに頑張れる体力かもしれない。あるいは、いじめられている状況のときに、それに負けない精神的な忍耐力だとか。または、新しいことにチャレンジするときに、あがったり、動揺したりせずに、自分を信じて乗り越えていける力のことかもしれない。いろいろ考えられますよね。

私が「人間力」とはいったい何だろうということで考えてみたのは、取材とかテレビとかでよく聞かれる質問があるのですが、おそらくそれが、みんなが欲しい「人間力」として総称されているものの正体なのだろうと思ったのです。では、よく受ける質問というのはどういうものかというと、「お金を稼げる人の脳はどうなっているのでしょう」という質問。これは、意外と多いんです。1億円稼げる脳とか、なんだか、そういう本がたくさん出ていますよね。やはり生きていく上では、お金は大切なものだと多くの人が思うのでしょう。私はお金持ちでも何でもないのに、こういう質問をされることが多い。稼げる人の脳は違うのだろうと、みんな考えているらしいんですね。

また「記憶力をよくするにはどうしたらいいでしょう」という質問。たしかにこれは方法がないわけでもない。そして、もう一つ、「IQは上げられるのでしょうか、頭はよくできるのでしょうか」という質問もよく聞きます。

ところで、お金を稼げる人の脳という質問をされるということは、「人間力」とは「経済力」を指している、ということになるんでしょうか。たしかに生きるためには、お金が必要そうですね。でも、どうもピンとこないような感じもします。では「人間力」とは「記憶力」のことなのか。それも違うような気がする。それとも「人間力」とはIQのことなのか。それも、ちょっと変な感じがしますよね。

もうすこし考えてみました。その質問をしてしまう気持ちの裏側には、こういう望みが隠れているような気がしました。よりよい暮らしを送りたい。今の自分より成長したい。もっと幸福を感じたい。自分の周りの人を幸せにしたい……。こういう欲求があるから、よりお金も必要だし、より記憶力があって、勉強もできるようになったらうれしいし、より頭が良くなったほうがいい、と思うのではないか。

それをよくよくまとめてみると、こういうふうにまとめられるのではないかと思います。誰かを幸せにする力。そして、自分を幸せにする力。これが人間力なのではないか。ここでは、そう定義してみましょうか。

人間力とは経済力か

そう定義した上で、まず、人間力は経済力とイコールなのかどうか、このおかしいところ、なんでおかしく感じるのか、ちょっと確かめていきましょう。自分や誰かの幸せのためには経済力は重要なのかどうか。お金がないよりはあったほうが幸せを感じますよね、何となく感じますか？　そういう人は周りに多いし、やはりないよりは、あったほうがいいよね、と。すごくよく聞く言葉ですし、そう思う人もたくさんいると思います。どれぐらいの人が思いますか。この言葉を、その通りだと思える人は正直な人ですね。私も、ないよりは、あったほうがいいいのではないかと思う。貧乏よりは、ちょっとゆとりのある生活のほうがいいよねとみんな思っていると思います。

自分のためではなくても、誰かを幸せにしたいと思ったとき。やはり贈り物をしたらみんなうれしい。喜んでくれるし、誰かを幸せにしたいなと思ったときに、やはりお金は必要ですよねと感じる人、これも少なくないのではないかと思います。

あと、こういう言葉もすごくよく聞きます。「結婚相手の年収は正直気になります」という女性ね。まだ若いからあまり気にならないかもしれないけど、私は今年38歳になるのですけれど、私の周りにいる未婚の人は、相手の人柄よりもすごく年収を気にする傾向があるようです。結婚相手の年収で「人間力」を測るみたいなところが、ちょっとあるような感じです。それは、どうしてかというと、自分も裕福になりたいけれども、やはり生まれてくる子どもが貧乏ではかわいそうだという考えで、子どもに貧乏で苦しんでほしくないという考えのもとで、経済力のある人を選ぶという圧力なんです。経済力が人間のバロメーターになってしまっている。そういう部分があることを、否定できません。

こういう町の声がある中で、問1、問2を投げかけてみましょう。幸福には本当にお金が必要なのかどうか。必要だとしたら、いくらあれば幸せなのでしょうか。そういう問題提起ができるわけです。問1、幸福には本当にお金が必要なのか、イエスの人。やはり人生経験のある方は、現実をよく見ていらっしゃるというか。大事なものです。問2、もし必要だとしたら、いくらあればいいと思いますか。いくらぐらいあればいいか、何となく目安が、これぐらいというイメージがある方。月収で100万円。悪くないですね。いい生活ができそうですね。月収100万円あったら、裕福といえますよね。

実は、こういうことをまじめに研究調査した人がいるのですね。収入がどれぐらいあったらいいのか。これは、どれぐらいあったら満足できるかの調査をしようとして、実は所得の金額ではなくて、自分が所得のランキングのどこにいるかが、満足度、幸福感と相関しているということを明らかにした研究です。

英語で申し訳ないですね。『Psychological Science』という雑誌があるのですが、これに載ったイギリスの学者の論文で、どうも所得そのものよりも、生活の満足度は、自分が周りの人に比べてどれぐらい稼いでいるかに左右されるらしい。ちょっと浅ましい感じがするかもしれませんけれども。これって、いくら稼いでいるか、ではなく、周りの誰かと比べてどれぐらい稼いでいるかが大事なのですという結果です。逆に言うと、自分が幸せになると、その分だけ、周りの人を不幸にしてしまうという、そういう研究ですね。

でも、実は所得自体も関係ないわけではないというのが、これもイギリスの研究者の研究ですが、年収と自己評価はだいたい比例しているが、幸福感とか、満足感みたいなところは、あるところで頭打ちになっている、と言っています。

どうも、年収6万5千ドルのところで頭打ちになっている。日本円に直すと、だいたい650万から700万円のところ、それぐらい稼ぐと、それ以上稼いでも、満足感とか幸福感というのは増えないのですね。さっき100万円と言ってくださいましたけど、もっと安いんです。月収50万から60万円で満足できちゃうのですね。これはアメリカのデータなので、日本だとちょっと違うかもしれないけれど。不動産の状況などが違うのでね。ただ、頭打ちになるという性質があるということは覚えておいてください。

ということで、人間力イコール経済力なのかというところは、半分イエスで、半分ノーですよね。経済力は年収700万円を超えると、自分の幸福感、人間力、自分と誰かを幸福にする力というのとは関係なくなってしまう。そういうことが調査から分かりました。

相関という言葉をお話ししたので、相関について説明しましょうね、少し難しい話かもしれませんが。「幸福度の高い人は収入が高い」が正しいなら、「収入が高くなることが幸福度を高める」つまり「お金が人を幸せにする」は正しいかどうか。正しいと思う人はどれくらいいるでしょう？　ちょっと答えにくいでしょうかね。実は、これは、正しくないのです。というか、正しいとは限らない、が正解。正しいとするのは論理的におかしいのです。

これは、同じ論理構造としてはこういうのがあります。「英語を話す人には金髪が多い」が正しいなら、「金髪にすると英語を話せるようになる」は正しいかどうか？　これと同じことなのですね。「金髪にすると英語を話せるようになる」は、明らかにおかしいですよね。誤りである。論理的におかしい。こういうのを、相関があるだけでは、因果関係があるとは言えない、というふうに言います。

これは立派な論理学の授業になっていくのですが、ここではサラッとやりましょう。1年くらいかけてもうちょっときちんと細かくやれば、

金髪の話に関して言えば、金髪にすることで英語を話せることにならないというのは、どちらが原因でも、どちらが結果でもないからですよね。全く関係ないのだけれども、ただそうだということです。相関があるけれども、因果関係がないのです。

最初の例、収入が高いと幸福なのか。幸福だから収入が高くなるのか、どっちであるともないとも言えてしまう。どちらが原因で、どちらが結果なのか分からない。もともと幸福度が高い人だから、仕事を頑張ることができて、収入が高くなるのかもしれないし、あるいは、

幸福度と収入には見かけの相関があるだけで、実際には全く関係がないのかもしれない。こういうこともあるよということを知っておくと、後々、5年後、10年後に、どこかで役に立つことがあるかもしれない。覚えておいてもらえると、役に立ったときに、中野さんという人があのときに言っていたなということを思い出してくれるとうれしいですね。

ともあれ、人間力、経済力、ある程度までは相関があるけれども、ほぼ年収700万円を超えると関係なくなりますよというのが、この節のまとめです。

記憶力と人間力の関係

では、2番目にお話しした、人間力と関係ありそうかな、とした記憶力についてです。頭がいいほうが、記憶力がいいほうが人を幸せにできるのではないか？　という問題ですね。人間力というのは記憶力と関係あるのではないでしょうか、という命題について、考えていきましょう。

記憶力と、一口に言っても、実はいろんな種類がありますね。記憶力、と、一般的にいわれますが、みんなこの陳述記憶というもののことを指して、記憶力と言っています。本当は、脳の機能で記憶と言ったら、非陳述記憶、たとえば、条件反射とか、あとは手続き記憶と言って、自転車に乗るとか、体で覚える記憶力も記憶力のうちに入るのですが、普通にお友達同士で話をしたりするときには、これは指さないですよね。手続き記憶というのは、だいたい運動機能に関係することが多いので、お経を唱えるなどもこのうちに入ります。覚えてなくても、口で覚えていて出ちゃうとかいうことです。円周率とかね。

さてこの陳述記憶というのが、ふだんテストで使うような記憶のことです。これには二つ種類があって、意味記憶というのと、エピソード記憶というのがあります。この意味記憶というのが、歴史の年表とか、教科書で覚えたりしますね。ああいう、文字で書いてあるような情報を覚えるというような、意味記憶と言います。エピソード記憶は何かというと、これはエピソードの記憶なので、あのとき何かこういうことがあったな、1年前の今日、誰それさんとデートしたなとか、2年前のあの日にどこそこでカツ丼を食べたなとか、あのとき何かがあったなというのを覚えているのをエピソード記憶と言います。

実は、このエピソード記憶のほうは、遺伝で善しあしがある程度、決まってしまいます。つまり、生まれつきの要素が大きいのです。そういう研究が2006年にギリシャ人の研究者によって行われています。この遺伝子には、実は、人によって個人差があります。変異が入っている人と、入っていない人がいて、少なくとも一つ以上、シトシンがチミンという塩基に置き換わっていると、二つともシトシンの人よりもなんと20%も成績がいい。エピソード記憶がいい。生まれつき記憶力のいい人には、そうでない人は、なかなかかないません。僕は記憶力が鈍いなという人は、努力をしても、なかなか追い付かない可能性が高いので、別の能力で勝つことを頑張ったほうが効率的です。別の能力というのは、記憶に頼らない、考える能力などです。頭を柔らかくするとか、いろいろ方法はありますが、潔く暗記の勉強はほどほどにして、筋力を鍛えるとかそのほかの方法を探すのがよいと思います。生まれつき決まっちゃっているよというところ。鍛えられるという人もいますが、それなりに困難がつきまとうと考えたほうがよいでしょう。

そしてこの記憶力、実は、性差もあります。エピソード記憶は、女性のほうがよく覚えている。皆さんは経験ないですかね。特に女の子と付き合っている男の子に聞いてみたいですけれども。カップルで喧嘩《けんか》することが必ずあると思うのですけれども、喧嘩するときに、女の子は、ご結婚されている人は奥さまですね、3年前のあのときオレンジジュースを買ってくれなかったとか、3カ月前のあのとき、私がすごく忙しかったのに、洗濯物を干しておいてくれなかったとか、そういう出来事をよく覚えていて、あとで蒸し返して責めるということをしがちではないでしょうか。男性は、これはほぼやらないですね。女の人はする。なぜかというと、エピソード記憶が発達していて、よく覚えているから。よく覚えているというのは、良いようですが、このように喧嘩の種になってしまうこともあるのですね。

性格の不一致、という理由が男女とも、離婚の原因第1位です。そもそも、女性の脳と男性の脳というのは違います。別の生き物と言ってもいいかもしれません。見えている世界も違います。なので、性格が一致するほうがおかしいのですね。それでは、なぜ性格が一致しないのに、恋に落ちることができて、一緒にいることができるのでしょう？　それは、恋に落ちるときは脳がドーパミンで麻痺《まひ》しているような状態になるからです。何のために麻痺なんかしなくちゃいけないのかというと、生物種として子どもを残さないといけないからですね。残さなければならない、というのは、個人として産む選択が強制されるということではなくて、何らかの形で次世代への貢献がなされなくては種として存続できない、ということです。私も子どもはいませんし、産む産まないという個人の選択についてはまた別の機会にでもお話しできればと思います。義務として残さなければいけない、という意味でなく、生物にはそういう性質がある、という意味です。

さて、脳が麻痺しないと、出産とか、子育ては、親個体にとっては非常に負担になることです。特に女性の場合は、子どもを産むときに、命を削るような体験をするわけですね。今は医療が発達したのでそういうことは減りましたが、子どもを産むときに亡くなる女性は歴史的に少なくはなかったのです。そういう状態を経験するとなると、普通の状態、理性が働いている状態だと、ブレーキがかかってしまいます。死につながる行為かもしれないからやめておけと。だけれども、そのブレーキを一時的にドーパミンで麻痺させてやるのですね。そして、子どもをつくることができるようにする。それが恋愛の役割です。

どうせ一致しない、全く違う相手であるにもかかわらず一緒にいられるというのは、このドーパミンで理性がくもらされているからです。しかしながら、ドーパミンは出っぱなしになることはない、というのも面白いところです。タイマーが必ず作動して、3年ぐらいで切れてしまうので、放っておいても理性は戻ります。この冷めたときが、恋愛関係の危機というか、理性が戻ると不一致に気づいてしまうのですね。あのときはいいと思ったけど、やっぱり駄目だなということに気づいてしまう。その冷めたときに大事になるのが、相手に対して、やっぱりあの人、全然私とは違うけれど、でも人間として素敵だよね、ですとか、自分にとっては掛けがえのない大事な人だとか、心から尊敬していたりとか、そういう気持ちです。つまり恋のときめきよりも、愛情が優位な状態になるんです。そういう関係に持ち込むことができれば、長く仲良く一緒にいることができるでしょう。

理性に目覚めても幸福に一緒にいるための第一のポイントは、気にしない力です。第二のポイントは、忘れる力です。すると、どんどん年をとっていくと幸せになるのではないかと、突っ込まれますが、そのとおりだとお答えしたい。ドーパミンで浮かされた熱が冷めても幸福でいるには、記憶力よりも忘れる力のほうが大事です。ということで、人間力を生きる力とするなら、どうも記憶力があり過ぎないほうが幸せに生きる力が高いらしいということがご理解いただけたかと思います。

ちょっと余談ですが、カップルの幸福感覚というテーマを研究している人たちがいるのですね。シカゴ大学の心理学者です。何がカップルの幸福感に効いているかということで、いろんな項目を調べたんですね。そうしたら、配偶者と一緒に祈っているカップルの幸福度が一番高いというデータが得られたというんです。この研究はアメリカでの調査ですから、クリスチャンが多かったのですが、これは、特定の宗教に限定される話ではありませんでした。ただ配偶者と一緒に祈っているカップルと、そうでないカップルを比較したデータです。祈っているカップルのほうは、75％が、結婚生活は非常に幸福ですと答えました。一方で、一緒に祈ってないカップルでは、57％。ずいぶん違いますね。20％ぐらい差が出た、という結果になりました。

これは、自分自身が何か目標があって祈るというのではなくて、お互いのこと、遠く離れているときに健康でいてほしいなとか、お仕事がうまくいくようにと、そういう視点に立つことを促すという意味があるようなのです。いつも互いのことを思っていられる共感性を高めるので、仲が悪くなりにくいのではないかということを、この研究者たちは推測して、ディスカッションで述べています。ずっと一緒にいたいなと思う人がいる場合には、ちょっとトライしてみるのもいいかもしれないですね。

ＩＱと幸福度の関係

では、３番目のポイントにいきましょう。人間力は、頭の良さかしら、知能かしら、ＩＱかしら、という命題です。頭がいいほうが、なんとなくいいような気がする。ＩＱが高いと言われたほうが、なんとなくうれしいですよね、という声をしばしば聞きます。あるいは、ＩＱが高いほうが、相手の幸せまで配慮してくれそう、お付き合いする相手は頭がいいほうがいいです、婚活をしている女性でこういう話も時々伺います。学歴が高いほうがいいとか。

あとは、お母さんで、子どもには成績で苦しんでほしくない、というご意見も伺います。

さて、幸福には、本当にIQが関係あるのでしょうか。あると思う人はどれくらいいらっしゃるでしょう。それでは、ないと思う人は？　ちらほらいらっしゃいますね。

実は、関係ないのです。そういう調査があります。ちょっとあとに、またご説明しますね。

まず、IQとは何でしょうという説明をしなければなりません。私は自己紹介のところでちょっと外してしまったのですが、メンサという会に入っていまして（※中野注　2015年に退会）、IQの高い、IQは釣り鐘状の分布をしているのですが、それの上位2％の人が入れる会というのがあるのです。面白い人がいるのではないかと思って、好奇心で入ってみたのですが、そのメンサの人たちの属性と、そうでない人たちの属性を調べた研究者たちがいます。メンサの人たちは、一般の人たちに比べると、尿酸値が高い人が、痛風の人が3倍ぐらいいる。3倍は結構な量ですよ。30％ではないですからね。何で尿酸値が高いのかというこ と、実は、脳と尿酸に意外な関係があったんです。

キサンチンという、DNAなんかに含まれているような物質があります。これは食べたり飲んだりすると、体の中で分解されます。これを代謝と言いますが、植物の中で代謝されると、みなさんよくご存じの物質、カフェインに変化します。動物の体内で代謝されると、カフェインではなくて、尿酸になります。カフェインと尿酸は、構造式を見ればよく分かるのですが、形が非常に似ています。ちょっとメチル基が付いただけ。形が似ているということは、機能にも似たところがあるということが推測されるわけです。カフェインを取る、コーヒーを飲むとちょっと頭がすっきりしたような感じになったり、やる気になったりということがあるでしょう。これと同じ作用があって、尿酸も実は、頭の働きをブーストするのではないかという仮説を立てて研究している人がいます。

ただ、尿酸がたまって起きる痛風ですね、これは体の中に結晶がたくさんできて、腎臓がやられてしまうので、頭が良くなるから放っておこうなどと思わず、ちゃんと治療をしてくださいね。でも、頭のいい可能性は、普通の人に比べると高いかもしれません。実際に、どうも尿酸というのは神経保護作用があるらしい。神経細胞が生まれて、ほかの神経細胞とつながって回路をつくりますね。その回路がつくられるのを助けるような働きを尿酸は持っています。物事を新しく覚えたり、新しいアプローチで、新しい問題に対処したり、そういうことがよりやりやすくなるのではないかということが考えられます。

ただ、これは研究が途中で、全世界的に止まったという時期があります。何で止まったかというと、痛風の罹患率は、男性のほうが、女性の20倍ほどと高いのです。これがどういうふうに解釈されたかというと、男のほうが女よりも頭がいいということなのかと文句を言った人がいたのです。アメリカのウーマンリブ運動が盛んなときに。それで、あまりにもその運動が激しくて、研究が止まってしまった。そういう経緯があります。

人間ではない、他のほ乳類は、尿酸をアラントインという水に溶ける物質に分解できるので、これは体の中に溜《た》まらないので痛風にはなりません。ですが、人間はなぜかこの分解酵素がなくなってしまい、尿酸ができると体に溜まるような、そういう仕組みになってしまっています。もしかしたら、この酵素を失ったことが、知能を発達させる原因になったんだ、と考えている人もいます。

人間の能力のピーク、IQのピークは何歳くらいにあるのでしょう。だいたいIQというと、20歳、皆さんぐらいの年が一番よくて、あとはどんどん落ちていくいっぽうと考えられてきましたね。これは、頭の柔らかさ的な側面の知能、流動性知能、Non-verbal IQと言って、20代ぐらいをピークに、ちょっとずつ衰えていくといわれています。一方、結晶性知能、verbal IQという、経験とか、知識とか、あのときあの人はこういうふうに解決していたなというのを覚えて、それを応用して、自分のものにするというような側面の知能もあるんです。この流動性知能と、結晶性知能とを足し合わせた全体が、人間の知能です。これを足し合わせると、ピークはちょっと年齢が遅いほうに移動しますね。最高点はどのくらいにあるかというと、50代半ばぐらいといわれています。ここに来ていらっしゃる皆さんはまだまだお若いので、今の能力よりもずっと高い能力が、これから発揮できるチャンスがあるということになります。

Non-Verbal IQとVerbal IQという言い方の方が理解しやすいかもしれません。Verbalというのは言語の、という意味です。Non-Verbalというのは、言語でなかなか表現できない知能のことです。Non-verbalな知能は生まれつき決まってしまうといわれています。そうではないと言う人もいるのだけれども、現代では、現在の研究者たちの間では、生まれつき決まってしまうと考える人が多いです。柔軟に物事に対処する力、訓練は難しいといわれています。

一方でVerbal IQ、結晶性知能は、本を読んだり、人から聞いたり、言語によって蓄えられていく知識、知能なので、Verbal IQ、言語性知能、言語性ＩＱというふうに呼びますが、これは生後の環境で育つ部分、教育によって死ぬまで伸ばし続けることが可能な部分です。

私がよくやる説明としては、コップがあり、コップの中にお茶が入っています。このコップの大きさが、生まれつき決まってしまうその人の大きさ。大きい人もいれば、小さい人もいます。それは訓練によって器を、その人の持っている器の大きさを変えることは難しい。ですが、生後の環境によって育つ部分、中身をいっぱいまで入れることはできる。一方で、大きい器を持っていても、ほんのちょっとしか水が入っていない人もいる。どっちのほうが頭がいいでしょうと言ったら、やはり水が多く入っているほうが頭がいい。せっかく大きい器を持っていても、使いこなせていない人もたくさんいます。皆さんはせっかく大学にいるので、たくさんお水を入れたほうが、授業料も払っているので、お得かもしれませんね。

さて、IQと幸福度は関係あるのかどうかという問題ですが、アラン・ガウという、イギリスの研究者が調べています。イギリス人は知能や幸福度などに興味がある人が多いのかもしれませんね。彼の研究では、80歳、人生の終わりごろに近づいて、そのときに幸福かどうか、80歳時点での人生の満足度というのと、11歳のときのIQ、そして、80歳になる1年前、79歳のときのIQ、その相関関係を調べています。その結果、相関はない、つまり、IQと幸福度が全く関係ない、ということが分かった。知能と人生の満足度は全く関係ないという結果でした。

この調査をしたガウは、人生を乗り切るのに十分な知能さえあれば、それ以上は重要ではないのかもしれない、とすら言っています。

さて、ＩＱは遺伝である程度決まる、という話をしましたが、もしかしたら幸福度も遺伝的に決まるのではないかという疑問を持つ人がいるかもしれませんね。幸福感と不公平感のメカニズム、すごく平たく言うと、幸福感の源になるのはセロトニンと言っていいと思いますが、いろいろ他にも、ドーパミンとか、エンドルフィンとか神経伝達物質はいくらでもあるのですけれども、それらの動態までしゃべっていると、３カ月ぐらい授業を持たせてくださらないと説明が終わらないので、セロトニンに絞って、今日は話をします。

セロトニンと幸福感

セロトニンという物質は、脳では縫線核というところから分泌されます。セロトニンはどういう物質なのか、ざっくり説明しますと、気分を安定させるものです。足りなくなるとうつ病になりやすくなったり、キレやすくなったりします。

何でキレやすくなるか、セロトニン神経というのは青斑核というところに神経繊維を投射していて、ノルアドレナリンという物質の活性を抑制しているのです。ノルアドレナリンというのは、敵に襲われたとか、明日自分が発表しなければいけないない何かがあるとか、試合があるとか、テストがあるとか、そういうときに人間はちょっとあがったりしますが、あがるというの感じの源になる物質です。心臓がドキドキして、顔が赤くなったり、冷や汗が流れたり、背筋が寒いような感じになったり、鳥肌が立ったり、あがり症の人というのは、だいたい多いといっていいかもしれません。

セロトニンは、男性と女性で合成能力が違います。男性は女性より52％も、合成能が高いのです。女性が１００つくるところを１５２つくる。逆に言えば、女性はセロトニンが不足しやすいのです。

どういうふうになるかというと、男の人が割と、これぐらい僕がやっても大丈夫でしょうということ、僕がこんなごみぐらいここに捨てても大丈夫でしょう、僕１人ぐらい遅刻しても大丈夫でしょうというところを、その人が女性だと、私がそんなことしてはいけないよね、誰が見ているか分からないしとか、やっぱり遅刻したら、あとあと先生に怒られるかもしれないし、出席を取ってもらえないかもしれないしと心配になるのが女性のほうです。つまり、後々のリスクを高く見積もる、不安を持っているのが女性であると言えます。

もっと家庭の中の状態に引き寄せて考えてみると、たとえば、旦那さんの帰りが遅い、何かあったんじゃないかしら、もしかしたら、他に女でもできたんじゃないかしらとか、そういうふうに考えてしまいがちなのが女性です。逆に、男性の場合は、ちょっとぐらい奥さんの帰りが遅くても、何か友達としゃべっているんだろうぐらいな感じですね。それぐらいの違いが出ることがあります。それはセロトニンの量の違いが一因です。

セロトニンはまた自律神経を調整して、交感神経を適度に興奮させます。起きている状態をつくる。さらに、セロトニンはメラトニンという物質の原料になります。メラトニンというのは、睡眠に関係している物質です。夜になるとセロトニンが睡眠物質メラトニンに変化して、人を眠りに導入する役割を果たします。眠りに導入する働きを持つのと一緒に、実はメラトニンというのは、ビタミンEの2倍、老化抑制効果があるなどと謳《うた》われていて、セロトニンが出ていないと、老けちゃう、なんてことも考えられます。セロトニンを出すには、日によく当たるとか、タンパク質をちゃんと取るとか、規則正しい生活を送ることが必要です。セロトニンが出ていないと、老けるのが早くなるかもしれませんよ。気をつけましょう。

セロトニンの分泌量、男性と女性で違うという話をしましたね。その他にも、個人差があります。個人差が生じてしまうのにいくつも要因はあるのですが、いま分かっているもののうち、大きな役割を果たすのは二つです。まず、モノアミン酸化酵素の活性。それから、セロトニントランスポーターの量です。この組み合わせによって、個人個人の性格傾向が変わってきます。

セロトニントランスポーターというのは、分泌されたセロトニンを神経細胞に再取り込みして、もう1回使うための、リサイクルポンプのようなタンパク質です。このセロトニントランスポーターがたくさんある人と、中ぐらいの人と、少ししかない人がいます。日本人は少ない人が7割弱、アメリカ人では2割弱です。すごく違いますね。これが、アメリカ人と日本人の気質の違いの重要な原因と言ってもいいかもしれません。

モノアミン酸化酵素は、セロトニンを分解して流し去ってしまうお掃除屋さんです。MAOと略します。モノアミン酸化酵素は、MAO－AというのとMAO－Bというのがあります。セロトニンと関係あるのはこのMAO－Aのほうで、活性に個人差があって、活性の高い人と、活性の低い人がいるんです。活性の高い人はどういう人かというと、要するに、セロトニンをお掃除しすぎちゃうタイプです。セロトニンがすぐなくなっちゃうタイプ。活性が低い人というのは、いつまでもセロトニンが余分に余っちゃうタイプです。

どういう違いが表れるかというと、女性では、MAO－Aの活性が低い女性、つまりセロトニンがずっと残りっぱなしの人は、有意に幸福度が高いという研究結果があります。つまり、いつも脳にセロトニンがそこそこあって、なんとなく幸せを感じられる人なんですね。

だから、あまり先のことを心配するという感じにならない。ものに動じないタイプの女の人。MAO－Aの活性が高い女性というのは、何となくいつも不安な感覚があり、心配性で、先々のことを考えて準備しすぎたりとか、いつ何時、何が起きるか分からないといって、ドキドキしがちだったり。そういう性格の違いとなって表れます。

一方、これは男性だと幸福感には必ずしも結び付かない、ということも分かっています。男性ホルモンが影響しているのだと考えられていますが、MAO－Aの活性が低いと幸福感には結び付かないで、反社会的行動に結び付きがちであると。なぜかというと、男性ホルモンの影響もあるのですが、MAOというのはセロトニンだけではなくて、ドーパミンとかノルアドレナリンも分解するのです。ドーパミンとかノルアドレナリンも残りっぱなしになって、それでちょっと攻撃的になったりとか、反社会的な行動をとりがちになったりということがあるのだと考えられています。

さて、セロトニントランスポーターについては、多い人、中ぐらいの人、少ない人がいると先ほど申しましたが、どういう性格の違いとなって表れるかというと、ちょっとしかない人は、不安を感じやすくて、緊張しやすいタイプです。あがりやすいとか。あと、我慢して、最後にはキレるとか、そういう感じの人です。不公平感を抱きやすくて。あの人にはあれが当たったのに、何で私には当たらないの、先生えこひいきとか、そういうふうに思いやすいタイプです。真ん中の人は中程度。多い人は、これは不安を感じにくいタイプ、楽観的すぎるような人、リスクがあってもチャレンジしすぎちゃうようなタイプです。本学の緑川理事長の性格傾向がこういう感じではないかな、と思ったことがこれまでに何度かあったのですけど、いわゆる、困難があればあるほど燃えるタイプですね。また、いざというときに緊張しにくい人。日本人にはあまりいないタイプです。

メタアナリシスのデータになりますが、センという人が、今から10年ぐらい前に、いろんな国で、セロトニントランスポーターの発現量を調べたデータがあるのですね。これを見て集計すると、こんなに違いがあるということが分かります。少ない型が、日本人では7割近くいますね。ですが、欧米人だと、なんと2割を切る。あまり緊張したり、不安になったりする人が少ないのだということが分かります。真ん中の人はこんなものかなという感じですが、注目すべきはこの、多いタイプですね。楽観的すぎるタイプ、これが日本人では、なんと3％しかいません。100人いたら3人しかいない。一方で、欧米人には3割もいます。3人に1人はいる。

気質の違いは、日本とアメリカでは文化の違いというふうに捉えられることが多かったのですが、実は、こんな遺伝で決まっていたのですねということが、このメタアナリシスから分かったわけです。ですから、生まれついて心配性で慎重な日本人が、楽天的でチャレンジを好むアメリカ人のようにわざわざ振る舞おうと思わなくてもいいんです。逆に、繊細で不安になりやすい、準備を怠らずきちんとした気質の日本人的な人のまねを、アメリカ人がわざわざすることもないのです。それぞれ持って生まれたものを生かして、その人に得意なことをすればいいのではないでしょうか？

日本人は非常にリスクを高く評価するので、ゼロのところから、全く新しい、1を生み出す仕事というのはちょっと苦手かもしれませんね。あんなことがあったらどうしよう、文句を言われたらどうしよう、こんなことをやった人はこれまでに誰もいない、心配だ、こういう事故があったらどうしようとか、そういうことを考えて、なかなか新しいことを始められなかったりする。だけれども、アメリカ人は割とそういうことが平気で、ポンポンやったりします。一方で、日本人が得意なのは、今ある1のものを100までブラッシュアップするとか、今ある、ちょっと芽が出ている、これいけるんじゃないかなというものを洗練させて、すごく高度なものにする、リスクをちょっとずつ削って、きれいにして、育てあげる、こういうのはすごく得意ですね。これは、こういう遺伝子を持っているからと言えるかもしれない。それぞれ得意な仕事をすればいいのです。

どっちがいいということはありません。どちらの生き方にも長所があり短所があります。ただ、自分の適性を知らずに、間違った場所にいると、非常に不幸だろうなと思います。たとえば、すごく保守的な職場に、楽観的すぎるような、リスクを評価しないタイプの人がいたら、とても窮屈で、目立ってしまって、周りからはたたかれるし、いじめのような目にも遭ってしまうでしょうから、きっとつらいと思うのですね。だけれども、すごく困難な状況のときにそういう人が、他の人のできないようなことを新しく始めたり、難しい局面を打開したりということに能力を発揮できるというのは、その人にとってはとても幸せなことでしょう。自分の性質をよく観察して、どういう場面で自分が活躍できるのか、どういうところに行くと自分は一番いいのかなということを、今一度、じっくり考えてみるといいかと思います。

セロトニントランスポーターに関連する人間の振る舞いについてもう一つ。最後通牒《つうちょう》ゲーム、というのを聞いたことがありますか。経済情報学部なので、ゲーム理論の授業はあるのですか？　ゲーム理論をちょっとかじってみたことがある人はいますか？　最後通牒ゲームというのは、よく心理実験で使われるパラダイムなのです。どういうものかというと、たとえば私とみなさんで最後通牒ゲームをやるとしましょう、私が提案者のほうで、黒い服を着たその彼が受け取り側としましょう。私は、総額1000円持っているとしましょう。1000円を私とあなたで分ける。1000円を分けるときに、500円ずつ分けようと言ってもいいし、私が900円とるから、あなたは100円でいいよねという分け方もあるのですね。私が提案する側です。そのときに、あなたができることは、それを受け入れるか、拒否するか。私が900円とると言ったら、どうしますか。拒否しますか。拒否する。理想的な答えですね！

今、私が900円とって、彼が100円というと、彼は拒否しましたね。こういう割合で分配率を設定すると、拒否される確率が高いということも分かっています。伝統的な経済理論ですと、人は常に合理的に判断する生き物であるとされていて、人はこういう判断をしないものと考えられています。合理的な判断とは、この場合、どういう判断か分かりますか。彼にとっては、100円もらえる選択肢を取るほうが合理的なのです。拒否した結果のゼロ円よりも。いくら不公平でも、100円はゼロ円よりも高い。100円もらったほうが得なのですね。しかし、それでも、やっぱり不公平だよねという感覚のほうが上回って、得な選択肢を破棄してしまう。そういうふうに振る舞うのが人という生き物です。それが脳の性質です。

実際、もらえる金額が3割以下の不公平な提案を受けた場合は、拒否率がぐっと上がるのですね。2割弱の人しかイエスと言わない。拒否する理由というのは、不正を許せないという憤り、ずるいじゃないですかという憤り、分配者がずるい行為をしたという行動へのリベンジだったりします。ですが、もっともだと思えるその報復、もっともだと思えるその判断も、合理的ではありません。なぜなら、このゲームでは常に、拒否しないほうが利益が高いからです。

では、なぜ利益があるのにその選択をとらないのでしょう。これを研究する学問がありまして、神経経済学と言います。これまでの経済学の理論とはちょっと違う、神経の、人間の神経系の仕組みを考えて、経済を読み解いていこうというのが、神経経済学というものです。公平な提案の場合、5対5か、6対4ぐらいで分けませんかというときに、拒否率は2割を切る。不公平な提案をした場合、9対1でどうですかと言った場合、拒否率はほぼ8割。拒否するほうが普通です。不公平な提案というのは、利得がなくなると分かっていても拒否する人が格段に増えるのです。

研究結果で面白かったのは、拒否率の高い人の性格傾向が分かったことです。攻撃的な人の拒否率が高そうだと、普通は思うでしょう。ですが、実直でまじめな傾向を持っている人で、拒否する傾向が高いということが分かったのです。まじめで実直な性格と、この不公平な提案の拒否率と、セロトニントランスポーターとの関連がどうもあるらしい。実直で、正直で、他人を信頼しやすい性格傾向の人というのは、不公平な提案の拒否率が高い。なおかつ、セロトニントランスポーターの密度が低いということも分かりました。つまり、これは、日本人に多いタイプなんです。

セロトニントランスポーターの密度と、実直で他人を信頼しやすい性格傾向にも、相関があることが分かりました。セロトニントランスポーターの密度と、実直で他人を信頼しやすい傾向の関係が見られた部分、中脳の背側縫線核という場所です。この辺のセロトニントランスポーターの密度が違う。個人差があるらしい。つまり、ここのセロトニントランスポーターの密度を見ると、その人が実直で、まじめで誠実かどうかが分かる。そして、人を信頼しやすいけれども、不公平な提案に対して感受性が高くて、相手に仕返しをしてやろうと思うタイプであるということも分かる。

経済的、社会的意思決定には、脳の器質的・遺伝的差異が関与している。まじめで実直な人ほど不公平を感じやすい。そして、幸福感を抱きにくいです。ちょっと日本人の不幸なところかもしれません。遺伝的に幸福を感じにくい人たちです。

幸福度・人間力の高い人とは

では、幸福を感じにくい日本人は、業の深い日本人、この遺伝的な性質を変えることはできないのでしょうか、というと、実は、遺伝コードそのものは変わらないけれども、生まれてからの教育で、遺伝子を修飾して変えることができる場合がある。一つの例は双子です。一卵性双生児、生まれたとき、子どものころはそっくりですね。年をとってくると、だんだん、一卵性双生児なのに、なんか似てなくなってきたねということがある。これは遺伝子コード、塩基配列そのものが同じでも、環境で、どこがタンパク質として発現してくるかというのが変わってくるからです。一方で、夫婦が一緒に暮らしていると、似てきます。これは、遺伝子配列、塩基配列そのものは違っていても、発現の仕方が似てくるからなのかもしれない。タンパク質になるときに、ここの部分はオンにしましょう、オフにしましょう、それが似てくる可能性があります。環境によって変化する部分。同じ環境で暮らしていると、それが似てくるということです。

これは、利根川進さんの研究で、生まれつき頭が悪いマウスというのを遺伝子操作でつくることができるのですね。これをつくってやると、迷路をなかなか解くことができません。本当に頭の悪いマウスです。ですが、この頭の悪いマウスを二つのグループに分けて、狭いかごの中で育てるマウスと、広い遊び場で、回る車なんかがあって、隠れられるわらの山なんかもあってという環境で育てるマウス、両方のグループをつくります。そうすると、狭いケージで育てたほうは、あまり迷路を解く能力は上がらないのですけれども、広いところで育てたマウスは、もともと頭が悪いのだけど、ちょっとパフォーマンスがよくなる。要するに、育てた環境で、もともと頭が悪くても、よくなる可能性が示された、というのが、マウスですらあった。ならば、人間ならもっとできるのではないかということが考えられるわけです。

もう一つ、面白いところは、生まれつき頭の悪いマウスの子ども、頭の悪い親の遺伝子を受け継いでいる子どもです。この子ども世代、これは狭いケージの中で二つのグループとも育てます。何が違うかというと、親も狭いケージの中で育ったマウスの子どもか、親は広い遊び場で育った頭の悪いマウスの子どもかという違いです。そうすると、その子ども世代は、親が広い遊び場で育てられていると、つまり刺激がいっぱい入る環境で、学びながら育ってくると、子どもマウスは能力が高いのですね。子どもが学習したわけではないのに。何が分かるかというと、母親の経験が子どもにあたかも遺伝したかのように見える。これは、これから子どもを産む可能性があるお嬢さん方は、よく読んでおいてくださいね。

遺伝の、生物の授業で、獲得形質は遺伝しないということを習ったと思います。お母さんがいくら髪を金髪にしても、お母さんがいくら整形をしても、子どもにはそれは遺伝しません。ですけれども、学習したこと、体験したこと、環境から得た遺伝子の修飾を伴う経験というのは、認知・学習・記憶に関しては、子どもに遺伝するようにみえるわけですね。塩基配列、遺伝子コードそのものは変わらない。だけれども、ここはよく使うから、ここはオンにしてやりましょうよ、ここは使わないからオフにしちゃいましょうよ、そういうパターンが、お母さんマウス、お母さんになる人たちの体の中で変化が起きるのですね。遺伝子の「発現の仕方」が変わってくる。エピジェネティクスと言います。最近、10年ぐらいで流行《はや》ってきた分野です。

一方、お父さんの経験、男性にはちょっと残念な結果ですけれども、父親の経験は遺伝しません。一方の親だけ豊かな環境で育てる実験が行われています。父親だけ豊かな環境で育てても効果はないんです。が、母親だけ豊かな環境で育てると、子どもの海馬の機能、記憶に重要なところですね、海馬の機能がどうも向上していた、ということが分かりました。あと、これも重要なところですが、孫世代には影響しません。なので、これから子どもを産む、お母さんになる人は、ぜひ頑張っていただきたい。学びの日々を送ってほしいなと思うところです。

もう一つ、生後の環境要因について、ミーニーという人がやった実験ですけれども、子どものストレス耐性が変わるというやつですね。ラットは子どもを育てるときに、よくなめるのですね。よくなめるのは、よく毛繕いをして、上手な子育てができるラットのお母さん。もう一方、あまり子どもをなめないラットというのもいます。放りっぱなしで、あまりなめない母ラットの子どもがいます。どういうふうに子どもに違いが表れるかというと、ストレス耐性が違います。不安行動とか。ちょっと恐怖を与えるような、わざと負荷をかける実験をすると、よくなめられた母ラットの子どものほうが安定している。よくなめられてない子どものほうはすぐ逃げたりとか、恐怖ですくんだりという行動をします。

これは遺伝で決まっているのかどうかということを調べるために、里子操作というのをします。あまりなめないラットの子どもを、よくなめるラットのお母さんの巣に移しちゃう。逆に、あまりなめないラットのほうに、よくなめるお母さんの子どもを移す。つまり、巣を取り換えちゃうんです。そうすると、育った子どもは、育ての親に似ます。どういうことかというと、ストレス耐性も、子どもをなめる回数も、育ててくれた母ラットさんに似るのですね。要するに、生まれつき不安傾向が高かったり、生まれつきストレス耐性が低くても、お母さんの育て方で変わっちゃうということが示唆されたんです。ラットですら変わるんですから、人間でもそういうことがあるだろう、といって研究をしている人もいます。人間の場合には臨界期というのがあって、だいたい2歳半から3歳ぐらいのあいだに決まってしまうといわれます。

3歳児神話とよくいわれます。お勉強ではないのですね。大人になってからのストレス耐性とか、新しい物事を、いきなりここに来てしゃべってくださいと言われると、すごくドキドキすると思うのですが、そのときに動じずにしゃべれるとか、すごく困ったなというときに頑張れる子とか、そういうことが行動として変わってきます。それが3歳までに決まるという意味と考えてよいと思いますが、それが3歳までが大事なんですよといわれるゆえんでしょう。ストレス耐性は育ての母に似てしまいます。これもさっきと同じで、遺伝子配列、塩基配列は変わらないけれども、環境で遺伝子が修飾される例として、面白い例です。

「non-genomic transmission」という言い方をします。人における non-genomic transmission の可能性ということで、もともと自分が持っている遺伝子が、ちょっと不安傾向が高かったりとか、不幸になりやすい性質、不幸になりやすい日本人であったとします。

それでも、幸福度の高い人の生きざまを身近に感じながら育つ、あるいはまねしていくというところで、振る舞いからレトロスペクティブ（逆向き）に。普通は、脳から指令を出して、自分は振る舞っている、行動しているという理解が一般的だと思いますが、実は、行動することによって、その行動している自分を脳が感知して、自分は今元気なんだというふうに、脳が勘違いすることがあるのですね。でも、その勘違いが本当になってしまう。

たとえば、笑顔ですね。べつに楽しいわけではないのだけれども。実際に実験でやったときにはボールペンを使ったそうです。横に挟ませる。そうすると、口角挙筋といって、唇を上に上げる筋肉があるのですね。これが脳に指令を与えて、自分は今笑っているじゃないかということを脳が勘違いするのですね。そうすると、楽しいという認知が生まれるという実験した人がいます。楽しいという認知が生まれたのをどう判断したかというと、映画を見せたのです。映画の楽しさをレイティングさせると、こういうふうにさせたほうが、同じ映画を見せたのに楽しいレイティングする人が多かった、そういう実験です。

振る舞い、行動からレトロスペクティブに自分の幸福度を上げることが可能ということが示されたわけです。さらに同じ理屈でいえば、幸福度の高い人というのは、周囲の人にもよい影響を及ぼすことができる。もともと持っていながら眠っている遺伝子をオンにしていく行動が重要である。幸福度の高い人、周囲に好影響を及ぼしていく人というのは、人間力の高い人と言えるのではないか。自分の眠っている遺伝子をオンにできる人が、人間力の高い人なのではないかという、最後、仮説を立てて、今日の講義をクローズしたいと思います。

（二〇一三年十月十二日「人間力育成講座」にて）

人間力とは何か

無常とあはれについて

玄侑宗久

⦿玄侑宗久（げんゆう・そうきゅう）
1956年生まれ。慶応義塾大学文学部卒業。様々な職業を経て作家に。臨済宗福聚寺住職。2001年、「中陰の花」で第125回芥川賞受賞。2007年、柳澤桂子との往復書簡「般若心経　いのちの対話」で文藝春秋読者賞を受賞。2010年、『アブラクサスの祭』が映画化。2014年、『光の山』が芸術選奨文部科学大臣賞を受賞。東日本大震災復興構想会議委員、大震災被災青少年支援のための「たまきはる福島基金」の理事長を務める。

「しあわせ」の発生

おはようございます。東日本国際大学という、気宇壮大な名前の学校に初めておじゃましました。震災が起きてしまうと、東日本国際大学という名前も全然おかしくないというか、これから福島県というのは、そういう国際的な場所になっていくような気がいたします。

今日は、震災を経ていろいろ感じることを、今、紹介していただいた本でまとめてみましたので、それを中心にお話ししたいと思います。「無常」というのは、ご承知のように、諸行無常という仏教語です。日本の場合は、諸行という上着を脱いで、カジュアルなただの無常という言葉が非常に広まっております。それだけ天災の多い国だったのだろうなという気がするのですね。歴史的なことがこの東日本大震災を契機に、いろいろ調べられて言われるようになりましたけれども、地震、津波、その前に、昔の人が自然の脅威で、一番おおもとの脅威と感じていたのは何だろうかとちょっと調べてみると、雷なのですね。雷が光る、稲妻が光ってドカンといく、これがいったい何の力なのか、どう考えても天の力としか思えないわけで、この雷がピカッときます。

日本語の光という字は、訓読み、ひかりですね。ひかりはピカリからきているわけです。ピカリと光るものなので、ひかりと名付けたわけですけれども、それがすべての源と感じていたようです。要するに、ピカッとあの光を受けた山が目覚めて、そして噴火を起こしたり、地震を起こしたりするんだというふうに、古代人は考えていたようです。ですから、おおもとに雷の恐ろしさというものがあったようであります。そして雷、地震、津波というのが、この国には非常に昔からあったわけです。

奈良時代に、地震のことを何と言ったか。「那為《ない》」というふうに言いました。「那為ゆる」「那為ふる」という、揺れる、振れる、というふうに動詞を付けて、大地が揺れるということを表現したのです。那というのは、あの方という意味です。英語で he とか she になるのですが、為は、するという意味ですね。ですから、地震というのは、あの方がなさることだから、どうしようもないじゃないかと。という意味合いがありました。

那為の為という字は、日本人はすると読んだ。する、します、しません。このするという行為の為という字に、合うと付けて、奈良時代、これを為合《しあ》わせと呼びました。これが和語としての「しあわせ」の発生です。どういう意味かといいますと、あの方がなさることに合わせるということですね。ですから、ほとんど運命と同じような意味です。

これが室町時代になりますと、行為の為という字ではなくて、仕事の仕という字に変わってきます。下に、やはり合うと書いて、仕合《しあ》わせというふうに読んだのですね。その場合、仕事の仕になりますと、相手は人間になります。相手がこうきたので、自分はこう仕合わせる、うまいこと仕合わせられれば仕合わせだなということです。あくまでも受け身がうまくできるかどうかということで、仕合わせという言葉はあるわけですね。

「こんにちは」に込められたもの

このように、震災後、この国のいろんなことが思われたのですけれども、昔から不思議だったのは、日本人はどうしてこういう挨拶をするのだろう。こんにちは、と頭を下げます。これは世界的に見ても、けっこう変わっていますよね。ヨーロッパ圏はたいがい、Guten Morgen（グーテンモルゲン）でも、Bonjour（ボンジュール）でも、チェコに行きますとDobry den（ドブリーデン）と言いますけれども、Dobryというのは Good です。Good とか、Bon とか、你好（ニーハオ）のハオのように、よいという意味が、挨拶言葉にはたいがい入ります。あなたにとってよい日でありますように、よい朝でありますようにというのが、だいたい挨拶になってくるわけです。

日本人のこの「こんにちは」というのは何だろうかと、昔から気になっていたんですが、英訳にすると話にならないですね。「Today is」で終わってしまうわけですから。いったい何なのか、不思議だったのです。これが、震災があって、石巻の沿岸部にちょっとおじゃましていたときに、はっと思ったのですね。石巻のご家族で、娘が津波で流されたらしくて、戻ってこない。発見されていないという状態の中で、今日は見つかるんじゃないか、明日はなんとか、たとえ死んでいても、衣類が見つかるとか、何か変化があるのではないかという思いの中でご家族が暮らしていたわけです。

その家のお父さんと私は三日続けて会ったのですね。二日目に「こんにちは」と挨拶をしたときに、はっとしたのですね。「こんにちは」って何でもなく使う言葉なのですけれども、このお父さんが使っている意味というのを感じたのです。今日こそはという、今日は昨日の続きであっては困る、今日は何か新しいことが起こってほしい、今晩は昼の続きではまずいのです。やはり夕方いったん生まれ変わって、別な時間を過ごせないと困る。明日になればなったで、また生まれ直すという、そういう思いが、もしかすると、この挨拶には込められているのかなと思ったのですね。

仏教的には、「寂滅現前」と言うのですが、それまでの自分を寂滅させて、新しく生まれ直すということです。一から出直すということです。毎回、毎回、一から出直していこうというのが、日本人の挨拶ではなかったのかということを思ったのですね。

起源を調べてみますと、「こんにちは」というのは、もともと「こんにった」と言いました。「こんにった」という言い方が室町時代の末に発生します。音便が先だったというのは非常に珍しい。それが、音便が戻るかたちで、江戸時代になりますと「こんにちは」というふうに言われるようになってきます。

ただ、この「こんにちは」「こんにった」と言いながら、日本人は頭を下げるのですね。頭を下げるのも、これ寂滅現前です。今までの自分をお辞儀によっていったん寂滅させる。客が来たといったら、頭を下げている間に、さっきまでの不機嫌も直し、上機嫌もなだめ、そうやってニュートラルになって、相手に会うわけですよね。そういう、頭を下げるというのはいつからしているのだろうかということが気になりまして、調べてみましたところ、あ、どなたかご存じの方、いらっしゃいますか。

日本人のお辞儀・挨拶の歴史

ちなみに、日本人の振る舞いが文章で記録されている最も古いものとされるのが、『魏志《ぎし》倭人伝《わじんでん》』です。これが三世紀末くらいの、日本人の状況をつぶさに描写しております。その中には、「黥面文身《げいめんぶんしん》」などという言葉も出てきます。日本人は、入れ墨みたいなものを彫るのが好きだったみたいですね。

でも、その中で、どんな挨拶をしているのかというふうに見ますと、頭は下げないのですね。どうやって挨拶をしていたかといいますと、日本人は古代、身分のある人同士が道で出会いますと、近づいていって、ある距離になりますと、お互いに手を打った。手を打ち合ったというふうに書かれております。要するに、柏手、今では神様にしかしませんが、これを人に対してしていたようです。

しかし、身分が違うと、そうはしないのですね。身分の低いほうが、片膝を付いて、両手を付くというのが、これが跪拝《きはい》と言います。あるいは両膝を付いてしまって、両手を付くのを匍匐拝《ほふくはい》と申します。このやり方を身分の低いほうがして、高いほうは、頭は下げずに、「ああ」とつぶやいたと。「ああ」というのは「噫」と書かれております。その声を聞いたらば、跪《ひざまず》いているほうは、何か言ってもいいのだなということで、何か要求でもあれば話すということになったそうであります。

これは非常にややこしい。身分を見分けるのが、一瞬にできないといけないですよね。偉そうな人が偉いとか、難しいですよね、身分を見分けるというのは。それは大変お困りでしょうということで、聖徳太子は冠位十二階というのをつくりまして、十二色に色分けしたわけです。色を見れば、自分より上かどうか、すぐに分かる。そのときに一番上に決めた色が紫色です。ですから、坊さんもそのなごりで、偉くなると、紫の衣を着るんですね。

ちなみに、この紫が最上の色と考えるのは道教です。ですから、聖徳太子は儒仏道、儒教、仏教、道教、全部に精通していたといわれますけれども、道教的な考え方というので、色分けをしたのですね。道教というのは、非常に個人主義的な部分が強いので、政治には向かないなということになってきて、だんだんと、その上に儒教がかぶさってきます。儒教は紫が嫌いです。儒教は紫が下品だと考えています。儒教が一番高貴だと思っている色は、黄色、あるいは緋色《ひいろ》です。黄色か緋色がやがて紫色の上に来るのですね。だから、坊さんも紫の上にそういう色があるでしょう。そういうふうに変化していったわけです。

そうやって色分けしてみたものの、やはりちょっと煩わしい。挨拶には身分の違いなんかいいじゃないか、ということを大化の改新で言い出します。ですが、これが徹底しないのです。跪拝、匍匐拝が生き残っていましたので、もうわざわざやめましょうと、跪拝、匍匐拝を禁ずる、立礼にて統一するという詔《みことのり》を出した天皇がいます。これが天武天皇ですね。天智天皇の弟です。六八〇年代から、日本人はお辞儀をするようになりました。立礼のみに統一されたのは七世紀の末なのですね。

ここにはやはりいろんな自然災害というのが大きく影響しているだろうと思います。貞観の地震、大津波というのもありましたけれども、古代の宗教、日本の神道というのができあがってくるころでもありますね。天武天皇という方は、この国のかたちの、大枠をつくったと言っても過言ではない方でありまして、まず、日本という呼び方を最初に使いました。それから、天皇という呼称を決めました。そして、『古事記』を編纂《へんさん》させ、『日本書紀』の編纂を命じたのも天武天皇です。この人ほどこの国のかたちに意識的だった天皇はいないと思います。その方がお辞儀という挨拶も、決めたのですね。

ちなみに、当時は立礼です。あくまでも座りません。いつから座ってお辞儀するのか。これは、畳の発生を待たなければいけません。畳が発生するのが鎌倉末期です。そして、当初は、侍が一堂に集まるときに、主君は安座《あんざ》しました。家来は跪座《きざ》ですね。さっきの、こうやって、両手は付きませんが片膝をついて、跪座というかたちをとったわけです。こうして身分によって座り方に違いを付けていたのですけれども、しだいに主君が座る場所は少し高くすればいいじゃないかということになって、主君が座る場所をだんだんと高くして、そこに畳を敷くということが起こってきます。

今、皆さん、床の間というのは誰も座りませんけれども、豊臣秀吉とか、織田信長は、床の間に座りました。床の間に畳が敷いてあって、そこにどっぷり座ったのですね。畳を主君が座るところにだけ敷くということで、座り方は同じでもいいじゃないかということになって、正座というのが発生したようです。ただ、どうも調べてみると、正座が発生したのは、中国の唐のようです。唐の時代の中国で発生して、日本に伝えられたようですね。

ただ、中国では宋の時代になりますと、つまり唐の次の時代になりますと、民族が変わるということもあって、中国は前の文化がみんな一掃されますね。宋にできたお抹茶が、元を経て明になると全くないわけですから。明になると、お煎茶《せんちゃ》ですね。そういうふうに、中国では前の王朝をつくっていた人々を完膚なきまでに追い出し、本も焼き、道具も焼きということをやりますから、何も残らなくなってしまうのですけれども、中国は唐の時代に正座を発生させていたのですが、宋の時代になりますと、ベッドと椅子の暮らしになります。北宋の時代には、もう中国は椅子とベッドです。ですから、全く正座を残すことなく、その後も正座というのは生まれなかった。ですから、百歩下がって発生が中国だとしても、正座というのは、今、日本が世界で唯一残している国です。

正座とお辞儀というのが組み合わさってくるのは、やはり室町時代ですね。ですから、今のように「こんにちは」と言って、座って頭を下げるというのは、室町時代からの日本文化ということになります。

「あはれ」――日本人の心の理想型

いずれにしましても、そういう、一から出直すという、寂滅現前という方向というのは、やはり、あまりにも忘れたいことが多かったのだろうと思うのですね。忘れなくてはやっていけないような事柄が起こり続けたのだと。噴火というのも、日本は独特ですね。あちこちで噴火しました。阿蘇もそうですし、その前に、鳥取県の大山《だいせん》というのが、昔は富士山のようにきれいな山だったようです。奈良時代に朝鮮半島から渡ってくる人々は、大山、あのきれいなコニーデの山を目指してきたそうですけれども、上三分の一が全部吹っ飛んじゃった。そのあと、阿蘇が噴火します。そこに、日本人は独自の神を祭ります。噴火口の神というのは、世界で日本にしかいないそうです。

何という名前かというと、大己貴神《おおなむちのかみ》と言います。大己貴神という方が、大山のあった伯耆《ほうきの》国《くに》から、出雲の国に移っていって、そこで名前が変わって、大国主命になります。日本の神様のやっかいなところはこれなのですね。別な場所に行って、別なことをすると、別な名前になっているのですね。

大己貴神という噴火口の神は、もともと大穴持ちです。大きな穴を持っている。噴火口ですね。こういう神は、世界に日本しかないのだそうです。やはり、こういう国に生まれて暮らしてきた民族ならではの挨拶でしょうし、心のあり方もそうだろうと思うのです。忘れましょう、忘れましょうという方向で、この挨拶も考えた。頭を下げて、寂滅現前して、「こんにちは」「こんばんは」で生まれ変わるわけですね。

では、そうすればみんな忘れられるのかというと、やはり忘れられない。この忘れられないという気持ちを何と表現したか。「あはれ」という言葉が、私には思い浮かぶのです。「あはれ」という言葉は、『万葉集』にも、『古事記』にも出てきます。平安時代になりますと非常にポピュラーになっていくのですけれども。紀貫之が『土佐日記』の中で、「もののあはれ」という表現を使います。「もののあはれ」という言葉になって、これは、日本人としての、心の理想型といいますか、あるべき心というふうになってくるのですが、「あはれ」という言葉、あるいは「もののあはれ」、特に「あはれ」という言葉を古語辞典で引いてみていただくと、本当に戸惑いますね。「あはれ」、しみじみと深く感じるとか、あるいは悲しいという意味があるかと思うと、うれしいという意味もある。ありがたいという意味も、もったいないという意味もあるのですよ。

この意味の幅は、文脈で読み取れるのだろうかと思うのですね。つまり、どういうことかといいますと、「あはれ」という言葉の本質は、そのように枝分かれする意味じゃないんじゃないか。要するに、「しみじみと深く」とさっき申しましたけれども、心に深く染み込んじゃって抜けないのです。忘れられないのです。この、忘れられないほどのインパクトを自分が持ってしまったということを「あはれ」と表現したのではないかと、私は思うのですね。だから、様々な方向へのディープインパクトがこの「あはれ」という言葉の意味の幅になったのでしょう。

「あはれ」というのが、褒めているのか、悲しんでいるのか、どっちか分からない。イライラする。武士階級は特にイライラしたみたいでして、佐藤義清《のりきよ》が出家して西行になりますね。西行という方は、この「あはれ」という言葉が嫌いだったみたいですね。都会からやって来て、田舎に来て、田んぼを見て、風情がありますねとかと言う人がいるじゃないですか。そういうふうに聞こえるというわけです。西行にとってみれば。「あはれなり、あはれなり」と言っているのを聞いていると、もてあそんでいるような、生活感がない、そういう言葉に聞こえると言っているのです。

そういう非難も出てきて、鎌倉時代になりますと、「あはれ」の中で、褒める場合だけ「あっぱれ」という言葉になってきます。「あっぱれ」は「あはれ」から発生したのです。「あはれ」があまりにも複雑で分かりにくい。素晴らしいなと言っているんだか、悲しいなと言っているんだか、分からないわけですからね。そこでいいほうだけ「あっぱれ」にしようとなってきたわけですね。この「あっぱれ」というのは天晴れと書きますね。当時は、適と書きました。辶（しんにょう）に南ですね。

両行させ直観で決断する日本人

「あはれ」が忘れられないという方向、一方で無常というのは、だからこそ忘れましょうよという方向、日本人はこのどっちにしましょうかと考えて、どちらも選びきれなかったというか、両方大事だねと思うに至ったのでしょう。こういう考え方が、中国の『荘子』という本の中にありまして、両行《りょうこう》と言います。ですから、無常であろうとする気持ち、忘れようとする気持ちと、忘れられない、忘れてはいけないのだという気持ちを両行させていこうと思ったのですね。

忘れられないという言葉が『万葉集』をパラパラめくっておりますと、あちこちに出てきます。典型的なのは、「なつかし」という言葉です。「なつかし」という言葉は和語です。日本人がこの忘れられないというものを、面影《おもかげ》を偲《しの》ぶ、そういう表現として「なつかしむ」「なつかし」という言葉を使っていたわけですけれども。当時、中国から漢字が入ってきて、何とかこの気持ちを表現できる文字はないかと探したのですが、ないのです。中国人はなつかしまないのでしょう。全部壊しちゃうのです。あの字があるじゃないかと思われるでしょうが、懐、これは今、なつかしいと読ませていますが、本来この文字にそういう意味はありません。無理に読ませているのです。

ですから、『万葉集』を開きますと、「なつかし」という漢字がわざわざ「夏樫」、こういうふうに書いてあります。もうだから、音のままです。中国にない文字でも、和語として残したかった。だから、こういうふうにするしかなかった。そういう文字はいっぱいありますね。日本人が、漢字が入ってくる前から和語として使っていた音を、なるべくなら残したい。それをなるべくなら漢字で表現したいということになるのですが、どうしてもないものがあるのですよ。

たとえば、サクラ。サクラは日本原産でしょう。日本原産の木に、中国の漢字があるわけがない。そこまで中国は親切ではない。では、あの字は何なのか。「櫻」は本来はユスラウメのことです。ユスラウメというと、今はご存じの方が多いでしょうけれども、昔はまあ、いいのではないのと言って、使っちゃったのですね。日本にあまりなかったのでしょうね。ウメの原産は中国です。モモの原産も中国です。でも、サクラは日本ですから、文字もなかったのです、実は。

このように、忘れようとする方向と、忘れられないという方向、これを両立していこうと考えたのが日本人でした。このうまいやり方が、実は、仏教の年忌法要というかたちで残っています。ご承知だと思いますけれども、インドで仏教が生まれた、上座部仏教圏の習慣とすれば、人が一人亡くなりますと、四十九日間はみんな仕事を休みます。会社に行きません。平安貴族はそれができたわけですが、鎌倉時代になってくると、もうみんな忙しいのです。四十九日も休んでいられますかということになりまして、七日間に短縮になります。七日間は仕事をしないで特別な暮らしをするし、歌舞音曲をしないし、魚鳥の捕獲もしないという暮らしをするのですけれども、七日に縮めただけでは申し訳ないじゃないですか。そこで日本人が考えたのが、一周忌をやりますよ、三回忌をやりますよ、七回忌をやります、十三回忌、ずっと五十回忌まで、ということは、亡くなった人を知っている人が生きているかぎりということですね。忘れてないのですよということを年忌法要というかたちで示しますと。この方法を考えたのは日本人です。これは実にうまい方法なのですね。そのときだけ、集中的に思い出せばいいのです。あとは忘れていられる。

　だから、たとえば、津波で亡くなったかどうかも分からない。でもしばらくたつと、戒名を付けてくれませんかというような人が来るのです。まだ見つかっていないのですよ、遺体も遺品も。見つかってないんですけど、亡くなっているかもしれない。万が一、亡くなっていた場合、拝んでおかないとまずいでしょうという発想があるのですね。だから、非常に不思議でしたけれども、今回も。東日本大震災では、行方不明者が実に多かった。昨年末の時点で、二六〇〇人余いますね。この行方不明というのは、要するに死亡届を出していないということなのですね。何か見つからなくとも、死亡届を出せば、死亡したことになります。これを出すと、お見舞金や弔慰金が入るのですね。しかしこのお金をもらいたくないという人たちがいるのです。これをもらったら、なんか完全に死んだことになっちゃうし、認めるしかないしという。でも、それは拒否しているのに、「和尚さん、戒名を付けてもらえませんかね」と来るわけです。あるいは、お葬式をやってもらえませんかね。どういうことなのかなと思うと、万が一死んでいる場合を考えると、拝んでおきたい。死んでいなくて、無事だとしてもその無事を祈るのに位牌が欲しいというわけですよ。

これも、日本人がうまく使っているアイテムなのですね。仏壇に位牌がある。そこで朝、お線香をあげて拝む。拝んだら、パッと忘れて会社に行けるのです。朝、一回集中的にその人のことを思い出して拝むということに絞り込むことができるのです。そうすると、他の時間は忘れていられるし、忘れていながら忘れてないというあり方ができるのですね。この年忌法要というのを日本人が発明したのです。大変それはいいということで、中国でも韓国でも今はまねております。これも、無常と「あはれ」の両行するかたちだろうと思うのです。

日本人は、実はこの両行というのを、ほかの面でもいろいろ発揮しております。一つに絞り込まないで、相反する考え方を両方とも、持っちゃうわけです。たとえば、昔からの諺《ことわざ》というのがありますね。これは非常に面白い。たとえば皆さん、「犬も歩けば棒に当たる」と言いますね。「犬も歩けば棒に当たる」の棒は何ですか。大人の方でも、けっこう知らない人は多いと思います。意味は分かりますか。だいたいこれって、歩いたほうがいいんですか、歩かないほうがいいんですか。その辺はちょっとはっきりさせておきたいのですけど。

藪《やぶ》から棒とか言いますからね、棒というのは、あまりいいイメージじゃないわけですよ。藪から棒が出てきたらたまらないですよね。棒に当たるんなら出ないほうがいいじゃないかと思いがちですが。「犬も歩けば棒に当たる」の棒は、相棒なのですよ。棒組みという言葉を聞いたことないですか。要するに、江戸時代に、駕籠舁《かごかき》をする二人というのは、体格もそうですけど、気が合わなきゃできないのですよ。これを棒組みと言ったのです。もっと一般的な言葉になって、これが相棒という言葉になります。だから、犬も出歩いていれば、気が合うやつに会うかもしれないので、出歩きましょうと言っているのです。犬も歩けば相棒が見つかるかもしれないですね。

という一方で、日本人は「果報は寝て待て」と言いますね。また「善は急げ」と言いますが、「急がば回れ」というのと、使用頻度はほぼ半々だと思います。あるいは、「嘘《うそ》つきは泥棒の始まり」「嘘も方便」、「立つ鳥跡を濁さず」「旅の恥はかき捨て」、「二兎を追う者は一兎をも得ず」「一石二鳥」、いったいどっちなんだ、どっちがいいのか分からない。反対の諺をちゃんと温存してあるというのはなぜなのか。「喉元過ぎれば熱さを忘れる」「三つ子の魂百まで」、「血は水よりも濃い」「氏より育ち」、「大は小を兼ねる」「山椒は小粒でぴりりと辛い」、「背に腹はかえられぬ」「武士は食わねど高楊枝」、どっちでもいいんじゃないか、というぐらい、両方あるのですよ。

つまり、日本人というのはどうも、論理的に一つに決めて、動いているのではないようなのですね。そういう論理的に方針を決めて、マニフェストをつくって、マニュアルにのっとって動いているような国は、地震がない国なのです。揺れたら状況が全く変わるようなこの国では、そんなことが前もって決まっていても役に立たない。なので、どっちにするか、善は急げなのか、急がば回れなのかは、どうやって決めるかというと、そのときの直観で決めるのです。思わず一歩動いてしまったときは、善は急げと思いだして、二歩目、三歩目と迷わず行くのです。思わず立ち止まってしまったら、急がば回れだなと思って、動かないで待つのです。要は、直観力がないと、自然災害などというのは、乗り越えてこられない、ということがあるのではないかと思うのですね。

しかし、その直観というだけでなくて、日本人は、どうも一つの方向にドワッとみんなが流れるのが嫌だったのではないか。たとえば、日本人は、「侘《わび》・寂《さび》」だと言います。「侘・寂」がいいと言っても、たまには皆さんもショッピングモールに行くでしょう。「侘・寂」だけでは、寂しすぎるじゃないですか。だから、同じころに「ばさら」「伊達」というのが生まれてくるのです。庵《いおり》に住みましょうという文化が生まれますよね。庵と「侘・寂」はつながっていますけれども、庵はいいけど、その一方で城郭建築もできてくるのですよ。世界でも有数の壮麗な建築ですよ。そういうのが同じ国の中で両行していったのですね。

これは、そういうふうに意識的に見てみると、いっぱいあるのです。たとえば、漢字というものに対して、漢字をそのまま使うのは嫌だった。真名《まな》と言って、一応、敬意を示しながらも、仮名をつくった。仮名というへりくだった表現ですが、やがて大和文字というふうに呼ぶようになる。ちゃんとプライドを持っているのです。漢字と平仮名、あるいは片仮名もできて、これが両行していくのが日本の文字です。

あるいは、武家と皇族というのがこんなふうに六〇〇年もそれぞれ権威を保った国は、世界でほかにありません。普通、ヨーロッパでは、貴族がナイトなのですね。貴族の子弟が武士なのですよ。皇族、貴族と武家というのは向こうでは別ではないのです。しかし日本では全く別な人々がそれぞれ権威を保ち続けたのですね。これも見事な両行です。

あるいは、「みやび」というのがもてはやされると、「ひなび」というのが盛んになってきます。「みやび」のど真ん中に「ひなび」をつくりたいというのが、おそらく千利休の茶道でしょうね。

あるいは、どうしてもわれわれ一本化できないもの、たとえば、私と公、どっちかで暮らしているのではないですよね。どっちもあるはずですよね。本音と建前。私は本音だけですよなんて、建前を言う人がいますけどね。やはり両方あるわけで、義理と人情も、どっちかで生きられるものではない。そういうのがとても多いのです。

網野善彦先生なんかは、日本は四つの日本が合わさったものだと言います。アイヌ民族、北日本、それから、西日本、南西諸島、この四つは全く異なる文化なのに、一つにまとまっていると。要するに日本は、ジャパンズという複数形で表現すべきだと言うのですが。今、だんだんとアイヌとの境、あるいは南西諸島と西日本の境というのはよく分からなくなりつつありますが、西と東の差はどうしても残っていますね。西日本と東日本。

私の女房は大阪から来たのですね。正月になると、うちの食べる餅《もち》を見て、何で四角いんだと言うわけですよ。角餅でしょう、皆さん、いわきは。正月であったって、こっちは角餅なのですから、しようがないです。でも、西に行くと丸餅なんですよ。ずっと調べてみると、岐阜県の東は角餅なのです。西は丸餅なのです。そこで境になっているのですね。あるいは、正月に鮭という魚を食べるのがこっちですよね。西で鮭は使わないですね。ブリか棒鱈《ほうだら》ですね。これも大きく分かれます。

あるいは、もっと細かく言うと、東にいろりがあった。西には、いろりはないのですよ。西はかまどです。東で袴を発明した。西でふんどしを発明した。便利なので両方履いていますけれども。あるいは、経済も、東が金の経済だったのですね。西が銀です。銀座は東京だろうと言うかもしれませんけれども、東京の人たちというのは、はじめ四〇〇〇人、大阪から入ってきたのですからね。銀座の住人もほとんどがそうです。だから、銀座なのです。

あるいは、つまらないことを言いますと、東京はエスカレーターは左に立つじゃないですか。大阪に行くと、何してんねんと後ろからどつかれるので、右側に立たないといけないですね。名古屋に行くと、もう左なのですよ。京都に行くと、前の人に合わせてどっちでもあんじょう立っていますね。そういう、東と西の違い、周波数の五〇ヘルツと六〇ヘルツもそうでしょう。だいたい中央地溝帯とよばれるフォッサマグナですけれども、もっと厳密に考えていくと、何があるかというと、どうも境目には諏訪大社がありますね。

　諏訪大社というのはどういうところかと言いますと、葦原中国《あしはらのなかつくに》、古代出雲の国に、大国主命《おおくにぬしのみこと》を中心とした王国があったわけです。それよりも、どうもあとに入ってきたらしい、天つ神と言われる人々、ですから、天照大神《あまてらすおおみかみ》が長女ですね、その親がイザナギとイザナミですね。イザナギとイザナミが最初、子づくりに失敗したということは知っていますか。最初の子づくり、どうもイザナミのほうから誘ったのが原因らしいのですけれども、それで失敗しちゃって、できた子どもがちょっと出来そこなっていたので、海に流したのですね。それが恵比寿様になったといわれています。恵比寿様は間違いないのだけど、実は最初の子ではなく、三男じゃないかという説もあって、なぜかというと、恵比寿三郎と言うのですね。

　それはともかく、恵比寿様は失敗して、二番目はうまくいって、天照大神、月読尊《つきよみのみこと》、素戔嗚尊《すさのおのみこと》というように生まれてくる、この天つ神が出雲の国に野望を持ったわけですよ。われらの配下にしたい、統合したいと思って、使者を送るのですね。使者を二人送って、二人とも、一人は大国主の魅力にほだされて、家来になっちゃう。もう一人はあろうことか、大国主の子どもと結婚しちゃうのですね。

どうもこれはあかんというので、非常に強い、心もカミソリのように冷たく切れる武甕槌《たけみかづちの》神《かみ》というのを遣わすことにしたのですね。まず、大国主に、この国を譲ってくれないかと聞くわけです。だいたいそういう国が当時、日本にいくつかあったわけですが、相撲部屋の合併程度に考えればいいと思うんです。相撲部屋、若乃花のいたのは何部屋でしたっけ。そう、二子山部屋ですね。だから、二子山部屋を合併したいと思ったわけですね。で、武甕槌神を遣わすのですけれども、長男、事代主神《ことしろぬしのかみ》に聞くと、長男は若乃花ですから、いいよ、お父さんがいいならいいよと言うのですが、次男は貴乃花的で、建御名方神《たけみなかたのかみ》といいまして、そんな話、聞いていられるかいなということになるのですね。

それで、武甕槌神につかみかかるのです。ところが、つかまれた腕が一瞬にしてつららに変わって、まだ握っていたらこれがカミソリに変わって、指がちぎれて、葦の葉のように散ったと書いてあるのです。これはたまらんと言って、建御名方神は逃げます。武甕槌神の神は追いかけます。どんどん逃げて、諏訪湖のほとりまでやってきます。武甕槌神もそこまで追いかけていって、もう降参するのですね。私はこれ以上逃げないし、ここから出ませんから、どうか許してくれと言って、諏訪湖の周辺に住むことにするのです。

考えてみていただくと、そうやって出雲から大挙して大勢で諏訪湖のほうに来たわけです。

これは、明らかに稲作民族、農耕民族です。出雲の国は農耕を誇りにしていた。出雲大社のしめ縄を見てくださいよ。あんなしめ縄、ちょっとつくれないですよね。出雲から逃げてきて、ここから出ませんよと言って、かなりの人数がここに住み着くのです。ところが、ここにはもともと住んでいた人たちがいるわけです。その人たちは間違いなく狩猟採集生活をしていたのです。狩猟採集生活をしていた人々のトップは姫様だったのです。どうしましょうかということで、出雲からやってきた建御名方神の一行は、地元の人たちが祭っている神をまず祭りましょうよというので、上社《かみしゃ》をつくります。上社は、狩猟採集生活の神々です。変わった祭をやるのですよ。正月からカエル刺し神事といって、何か刺すというお祭りをやったり、明治五年まではシカの頭を七五個お供えしていたというのですけれども、今はレプリカでやっているようです。明らかに狩猟採集生活をしていた人々です。

一番偉い神はミシャグジ神と言いまして、これは石神井という川の名前に残っていますが、どうもミシャグジ神というのは、ヘビみたいですね。ヘビを何で尊敬したか。皆さん、あまりヘビを尊敬していないでしょう。でも、すごいですよ、ヘビは冬眠できるのですから。二カ月とか、もっと長く食べないでいられるのですよ。冬眠したいわという人がたぶんいるのではないかというので、最近、冬眠の研究をしている人がいますね。冬眠中に出るホルモンがあるらしいです。池のコイだって、すごいでしょう。完全に眠っているわけではないのですけど、ずっと仮死状態みたいになって、ものを食べないでいて、四月になって餌をやると、バッと食べ出すでしょう。冬のあいだ、食べ物がいらないんですよ。どれほど節約になるか。昔の人々は冬眠能力をものすごく尊敬したのですよ。それで、上社のほうの祭の中には、二週間、土に掘った穴の中に人間がこもるというお祭があるのです。冬眠のまねをするのですね。

そうして下社のほうは、明らかに農耕の神、それぞれ二つずつつくるのですね。下社のほうは春宮、秋宮。上社のほうは何でしたっけね。とにかく二つつくる。四つつくって、それぞれに御柱を立てるのです。四本ずつ。あの御柱って何なのか。一応、ここから出ないと言った約束の結界だというふうに、表面上はなっているのですが、どうも私は、出雲にあった大宮殿、地上から高さ四八メートルあった宮殿を懐かしんだのではないかという気がしてしようがないのですね。八雲立つという、雲から差す光、これが柱のように見える、そういう土地柄ですよね、出雲は。そういう柱を立てたかったのかもしれない。

いずれにしても、上社、下社、諏訪湖を通るようにして、日本文化の東と西が、両側に分かれるのです。岐阜から長野を通って、富山ですかね。その東と西というのが、一本化はしない。両方いいじゃないのというふうにやっているのですね。

こういう、われわれの心の構えというのが確かにある。一本化はしない。二つあったほうが、生産性があるじゃないかというふうに考えていたのではないか。それは『古事記』を読んでみますと、非常によく分かってくるのです。最初の五人の神様は独神《ひとりがみ》と言います。五人の神というのは、天之御中主神《あめのみなかぬしのかみ》、高御産巣日神《たかみむすひのかみ》、神産巣日神《かみむすひのかみ》、あと二人いるのです。ウマシアシカビヒコジの神と、アメノトコタチの神ですね。この五人の神様が、イザナギ、イザナミに先立っていたのですね。イザナギ、イザナミと前の五人の決定的な違いは、前の五人は独りなのに子どもが産めたのです。あまりまねしなくていいのですが、独りなのに子どもが産めるという能力をべらぼうに尊敬したのですね。「ひとりでに」という日本語は、そこから来ているのです。独りなのに生み出すから、「ひとりでに」なのですね。だから独神と言ったのです。

この「ひとりでに」生み出されてくる能力を、昔は「ケ」と呼びました。いつの間にか生えてくる、ひとりでに生えてくるのは毛でしょう。また外に生えてくる「木」、あれも「ケ」だったのです。木がどんどん生えてくる。上つケの国、下つケの国というのがあるでしょう。栃木県、群馬県の辺り、あれは「木《ケ》」の国の上、下ですからね。あるいはいつの間にか生まれてくるものとして、気配の「気《ケ》」もある。これも、生命力の象徴みたいなものですけれども、やはり自然発生するので素晴らしい。ひとりでに生まれてくるものは、とにかく素晴らしいのです。

その能力が枯れることを「けがれ（ケ枯れ）」と言いました。ひとりでに生み出す能力がなくなってしまうことがけがれだった。しかし、ひとりでに生み出されるというようなことは、めったなことではありません。最初の、別天津神《ことあまつかみ》と言われる、特別の五人の神様において、初めて成り立ったことですから、われわれ人間は対をつくらないと生み出せないのですよ。イザナギとイザナミからそうでしょう。イザナギが何か余っている。イザナギが何か足りない。それで、違うもの同士が「いざないあう」から、イザナギとイザナミなのですね。誘う、いざなう、違うので誘う。そこで、イザナギ、イザナミと名付けられるわけですが、このあり方しかないのです。人間は、何かを生み出すのには、対をつくらなければいけない。

だから、わざわざ反対の考え方をこっち側に持ってきておく。反対のものを、美学でも何でも一本化しない。一本化しないで、両方やっていくのですね。今、グローバリズムという大きな流れが打ち寄せていますけれども、どうしたらいいのか。ローカリズムを捨ててはいけない。ローカリズムも大事だと思う中で、グローバリズムとどう付き合っていけるのかというふうに考えないといけません。グローバルだけではいけないですよね。たまたまグローバルに考えるしかない環境問題という問題が発生したわけですね。だから、グローバルという視点が持たれましたけれども、そこに貨幣も乗ってきた。貨幣価値が全然違う中で、同じ貨幣がそこに出回ってくると、全く混乱しますよね。どうして、日本でこんなに安くTシャツが買えるのか。衣類の安さというのは尋常ではないですよね。日本で生産しているはずがない。

われわれ僧侶が使っている道具だってそうですよ。塔婆を書くじゃないですか。塔婆はほとんどが中国製です。うちは中国製を使いませんけれども、ほとんどは中国でつくった塔婆で、材料はカナダとドイツから輸入してます。位牌を書いても、中国製、仏壇を拝めば台湾製の仏像、お墓に行けば、インドか中国、本当に情けなくなりますね。

本当は、両行の話だけで、このまま終わっては、分裂しちゃうんですね。両行させて直観で決断するのが日本人ですが、その直観がはたらかなかったらどうするのかということになりますから、両行のままでは困るのですけれども、困ったまましばらくいってもらうしかないですかね。いや、一応、話だけしておきましょう。

日本人は、両行で二に分けておきながら、それが二ではないのですよ。緩い一として見られませんかという見方を提出してくるのですね。それを不二《ふに》と言います。二にあらず、不二。

たとえば、儒教と道教とは全く違います。でも、一段上の、東洋の宗教という見方をすれば、一つでしょう。全く違うように見えるものが、心を初期化して見る、あるいは、俯瞰して見ることができれば、緩い一つに見えてくる。そういう目線の場所を獲得しなければいけないわけです。それを不二と言ったのですが、もともとは「維摩経《ゆいまきょう》」というお経の中の考え方です。二に分けておきながら、二じゃないよと。いいの、悪いの言っていること自体が良くない。いいも悪いもないよという考え方なのですが、日本人の中にこの不二というのが広まってくるのは、徳川家康公が日本の象徴として、富士山を用いてからだと思います。

富士山というのは、ご承知のように、紀元前からあったのですね。面白いのは、富士山というのは、紀元前には三〇〇〇メートルなかったそうです。噴火を繰り返して、低くならずに高くなったのは、富士山くらいです。富士山って不思議な山です。その山を幼いころから駿府の国で子ども時代を過ごした徳川家康は、見ていた。臨済寺というお寺に、一応、閉じ込められていたということになっているのですが。そこで少年時代、毎日富士山を見ながら、彼は過ごしたのですね。彼がまだ六〇代のとき、駿府で当時十一歳だった狩野探幽《かのうたんゆう》に会います。そして、それから間もなく関ヶ原で勝って、天下統一するのですね。家康公が天下を統一して、幕府を開いて、最初にした大仕事は何かというと、富士の浅間神社の修造ですね。

とにかくこの国を緩くまとめ上げるものはないか。京の文化、難波の文化に対抗するわけではないけれども、江戸を建てるということは都が二つになるのですね。でも、それを二じゃなく見える仕掛けというのが、おそらく家康公の頭にあったのではないでしょうか。

家康は浅間神社の修復をして、富士山の八合目以上を神域と決めます。そして、浅間神社の境内には、もともと武田信玄が植えたサクラの木があったのですが、それをそのまま残して、家康は修復するのですね。ここが家康のすごいところですね。武田信玄が植えたサクラなんて、残したいとは、普通は思わないわけですけれども、彼はそれをあえて残すのですね。そして、富士のお山というのは、不二の山です。二にあらずという山ですから、この山をとにかく日本中に知らしめるということに心血を注いだ。そこで一五歳だった狩野探幽を御用絵師として雇います。そして、狩野探幽は七三歳まで、三代の将軍に御用絵師として仕えます。

この間、最も数多く描いたのが富士山の絵です。それは、一見写実の絵であるように思えるのですけれども、一つの理想郷として、鶴が飛んでいたり、松原があったり、実際に三保の松原から似たような景色が見えるようですけれども、探幽はあくまでも一つの理想郷として描いているのですね。これによって、日本を緩く一つにまとめていこうとしたのが家康です。とうとうあの方は、東照大権現《とうしょうだいごんげん》という、神様が仮に人になって現れていたんだということで、神になってしまいましたけれども。

考えてみれば、日本という国で、神と仏も両行です。神と仏って、どっちかを選ぶものではないでしょう、この国では。だいたい、神仏の御加護と言うし、頼りにならないときは、神も仏もあるものか、と両方貶《けな》します。やっぱり神だよねとか、神はいいけど、仏はというふうにはならない。常にセットなのですね。だから、日本の中で、神と仏というのは両行している最たるものです。

そして、家康公は人であったのですけれども、神になってしまった。不思議な国でありますけれども、両行と不二という、日本人の独特の考え方、柔らかくて柔軟で、強い、そういう考え方をちょっと感じていただければ幸いです。どうもありがとうございました。

（二〇一四年一月十一日「人間力育成講座」にて）

人間力とは何か

儒学思想の生き方

孔 垂長

⦿孔　垂長（こう・すいちょう）（Kung, Chui-chang）
1975年台湾台北市生まれ。孔子の79代目嫡孫。オーストラリアに留学後、ビジネスマンに。2009年中華民国大成至聖先師奉祀官に。同年、歴代最年少で総統府の国策顧問に就任。山東大学、東日本国際大学名誉教授。

中国文化の精髄としての儒学思想

中国の儒学思想は、わずかに一つの学説・理念であるだけでなく、一個の文化でもあります。儒学思想は、中国の二千五百年余りの文化的発展を主導してきたもので、中国の倫理思想の核心でもありますが、それとともに、個人の日常生活の様々な場面において、実際に広く用いられてきたものでもあったのです。

祖先の孔子の儒学思想の最大の特色は、まさしく「人を本と為す（人を根本とする）」という人文精神に基づくもので、人類の基本的な道徳的要求を表現したものです。それは強制的な思想ではなく、人類の社会道徳的な生活から抽出されたもので、自身の内在的な欲求に対する、自発的な思想・観念です。したがって、儒学の思想は、「水至りて渠成る（時期が来れば自然に物事が成就する）」というように、直接的に日常生活の内で応用・実践することができるのです。これこそが調和のとれた「生き方」であるのです。

儒学思想の生き方においては、まず、人の現実的価値を是認し、人の存在意義を提唱しています。その思想では、人生が現実世界に存在する意義を肯定し、天・地・人の三者の中では、人が中心で、最も重要な位置にあると認めているのです。

その次に、儒学思想の生き方では、さらに現在の人権思想の観念も表明し、「他人の生命」と「人へのまごころ」を尊重することを提唱しています。これこそが、まさしく「仁者が人を愛する」思想です。この「仁者が人を愛する」ことは、人々の基本的権利について、承認と肯定の意味が含まれています。

「仁」とは、儒学思想の核心と基礎であり、いわゆる「仁が至る場所には、義も当然存在する」ということばの通りでありましょう。中国の古代では、「仁」の字は、「人が二本の足で道を歩き、そのそばに二を加える」ように書きました。「二人」とは、ふたりの人であり、まさしく、人と人の間、社会を表しています。つまり、人自身が仁であることが「根本」で、人の間にあるものが、「相互」に「作用」しあっているというわけです。孔子が述べた「吾が道は一以て之を貫く（私の理想は一つの道理によって貫かれている）」とは、別の言い方を使って、仁の本体とその作用が一貫していることを述べたものなのです。

孔子の思想体系の最も重要な要素は、「仁」です。仁者が人を愛するとは、「自分自身がしてほしくないことを、人にしてはいけない」ことで、「敬天愛人（天を敬い人を愛すること）」であったということができます。

祖先の孔子は『論語』の中で、二回「自分自身がしてほしくないことを、人にしてはいけない」という観念を提起しています。個人の行為を国家と連動させることについて、孔子は「他人に損害を与えて自身に利益を与え」「他人の危機に乗じ」「他人を騙《だま》し損害を与える」行為として極力反対しています。したがって、儒学思想では、「己の心で推し量って人に及ぼす」ことを非常に強調し、ただ、こうするだけで、ついには、調和のとれた円満な人間関係と世界平和に到達することができる、とみなしているのです。

そして、「仁者が人を愛する」ことについては、「五倫」と「十義」を必要な方法とみなしています。それらは、小から大まで、家庭から社会や国家にまで、等しく実践されていました。いわゆる「五倫」とは、つまり「父子、親あり」「君臣、義あり」「夫妻、別あり」「長幼、序あり」「朋友、信あり」ということを指しています。

また「十義」とは、まさしく「君は仁」「臣は忠」「父は慈」「子は孝」「兄は友」「弟は恭」「夫は義」「婦は順」「朋は実」「友は信」を指しているのです。

例を挙げて説明すると、儒学の文化では、「孝」の観念を非常に重視しています。孔子の言葉に、「弟子のみなさん、家では孝に基づいて父母に尽くしなさい。外では、年長者によく仕えるように。何事もおろそかにせず、人から信用されるようにしなさい。区別なく、すべての人々を愛し、人格者と親しく付き合うように。それだけのことをした後に、余力があったならば、そこで学問に励みなさい」とあるのはこのことを説明しているのです。中国の家庭では、ずっと「父の慈」と「子の孝」を手本としていますが、今日まで、「百の善行の第一は孝である」という観念は、なお依然として、深く私たちに影響しています。これは中国の文化の精髄となっているだけではなく、さらに中国から世界各地に広まっているものであり、中国の近隣の国家に対する影響は、さらに深遠なものとなっています。韓国と日本の社会は、まさしく儒学の文化の薫陶を深く受けているのです。

良好な人間関係を維持するための道徳的準則

儒学の生き方には、すなわち人倫関係の規範を、家庭から社会と国家にまで及ぼすという別の特徴があります。すべての人が、良好な人間関係を維持するために守らなければならない、基本的な道徳的準則が定められています。ですから孔子は、「家では孝に基づいて父母に尽くしなさい。外では年長者によく仕えるように。何事もおろそかにせず、人から信用されるようにしなさい。区別なく、すべての人々を愛さなければなりません」と強調しているのです。

つまり、すべての人が、他人に対応する際に、もう少し多く善の心と博愛精神を持ち、いま少し、多く誠実さと信用する心を持ち、少し多くの、礼儀と譲りあいと寛容さを持ち合わせ、さらに少し多く、自身を顧みて反省をする心を持つならば、「老人には安心を与え、友人とは信じ合い、子どもには慕われたい」という行動をするようになるでしょう。

また、「自分自身がしてほしくないことを、人にしてはいけない」ことや、「自分が立場を持ちたいと思うならば、人にも立場を与え、自分が目的を達したいと思うならば、人にも目的を達するようにする」ようにもなることでしょう。

さらに、「自分の家の老人を大切にして、その気持ちをよその老人まで及ぼし、自分の子をかわいがって、その気持ちをよその子まで及ぼす」ならば、「老人は天寿を全うする場所があり、働き盛りのものは働いて役に立つ場所があり、子どもたちは成長する場所があり、妻がいないおじいさん・夫がいないおばあさん・父がいない子・子がない老人・身体障害者は、みな保護を受ける場所がある」というようにもなるはずです。

これらは、まさしく儒学者の人権思想に対する観念と基本理念であるといえるでしょう。

つまり、人々に、友達に良くする心、寛容な心、人を助ける心を持たせるようになり、相手の身になって他人のために考えるようになる、というわけです。

儒学思想の生き方では、自分自身を完全な人に変化・成長させることも提唱しています。これは、儒学思想で表明している「修身（君子が身を修める）」というものです。修身とは、人が自らをすばらしく完成させることであり、人としての素養を向上させ、自身を理性・道徳・美徳・教養を備えた人に成長させることです。すなわち、これは個人が自身を修めるもので、すべての個人が修身を行うことによって、自分の良い一面を増やし、その良さを最大限発揮させることなのです。それは同時に、自分の劣る一面の低下を最小限にとどめることができるといえるでしょう。

つまり儒学思想では、人はただ、修身を通じて道徳的で高尚な君子になることができるのです。そのようにして、はじめて人は社会に根付き、人々の尊敬を受けるようになると強調しているのです。

「天人合一」という生態の倫理思想

儒学思想の生き方においては、さらに、大自然の環境保護の思想を尊重し、人が自然と調和して共存できることを提唱されています。儒学思想では、人が自然を認識し、尊重し、保護するべきであると主張しています。ひたすら大自然に向かって搾取すること、一方的に自然を利用し、征服し、改造することに反対して、「物を取るには限度があるし、取っても良い時がある」という、生態の倫理思想を提出しているのです。

私たちはまさしく、人と自然の関係を倫理的思考の枠内に収めるように求め、倫理的道徳と義務を、動植物と私たちが生存する地球全体に拡大しています。なぜなら、儒学思想から見ると、人と宇宙・万物とは、一体で統一された生命体であり、すべてが天地の理・陰陽の気を受けて生成されたものと見なされているからです。つまり、自然界の中の動植物も人と同じく、みな地球生命コミュニティーの中の一員で、ひとしく自身が存在する権利と価値を有しているのです。それらの生命は、気の向くままに剝奪されてはいけないのです。

祖先の孔子は二千五百年前、すでに「天人合一（天と人とが一体である）」という観念を強調し、人々に人と自然の関係を重視することを呼びかけていました。孔子は自然の法則に抵抗できないことを理解していました。彼は、「罪を最高神の天から受ければ、どの神に祈っても無駄です」と指摘しています。祖先の孔子の言行の中には、天と人との調和がとれ、共存していく生態保護の観念が豊富に含まれています。彼は人類が自然の法則を認識し、順守しなければならないことを理解していました。『論語』述而篇の中で、孔子は、「釣りをしたが、網を用いることはなかった。狩りをしたが、巣の中の鳥を射ることはなかった」と述べていますが、ここからも孔子が非常に生態の均衡に注意を払い、自然の法則に従っていたかを見いだすことができるでしょう。

今日、天然災害が頻繁に世に伝えられていますが、これは国家や社会が近代化を追求する中で、繁栄のために自然を破壊し、経済のために環境保護を犠牲にしたために発生した結果であり、ようやく大自然がもたらした反撃であるともいえるのでしょう。ですから、私たちは反省し、進歩を図って、孔子の「天人合一」の思想について、学んでいかなくてはならないのです。

「柔政」と「王政」――儒学の民主的思想

儒学思想の生き方は、その上、民主的な思想も含んでいました。ここでの民主的な思想は、「柔政」と「王政」の二つに分けることができます。

政治には、かねて「剛」と「柔」の二つの伝統があって、儒学が、とりわけ重視したものが「柔政（柔軟な政治）」でした。よって祖先の孔子は、このような思想を「儒」と名付けました。祖先の孔子は、先に、「儒とは、柔らかいことである。柔とは、水の性質である。水は、目に見えるが形がないが、舟を載せることができる。そして同時に舟をひっくり返すこともできる。つまり、柔はまた剛に克《か》つことができる」と言ったことがあります。儒学思想の中では、「民」を「水」に例えています。そこでは、「水は舟を載せることができる。そして同時に舟をひっくり返すこともできる」と強調されています。よって柔政とは、儒学思想の中の民主的な思想なのです。

「王政」とは覇道に対して説明されたもので、「王・覇」とは、孟子の政治理想の中での二つの異なる政治のことです。王者の行為は、すべてが人民のためにあります。したがって、民はみな喜んでこの政治に従いました。覇者とは、ただ武力によって人民を征服し、強制的に己に従わせるものです。覇者の行為は、人民のためである場合もありますが、その意図するところは、ただ名利と高い地位や繁栄を好んでいるに過ぎないのです。力によって人を征服させようとする者は、心服させることができませんが、徳によって人を心服させる者は、心から喜んで誠実に従ってもらえるのです。例を挙げれば、有名な七十人の弟子たちが孔子に従っていたようなものです。よって、「王政」も儒学思想の中の民主的な思想であるのです。

ここまでの話をまとめてみましょう。儒学の思想は、今から約二千年以上も前に提出されたものであるにも拘《かか》わらず、その思想の本質と精神は、古今に通用する学説と理論であり、時代による制限も、地域による閉鎖性も無関係なものであったといえるでしょう。それは人類史上、極めて高い価値を備えた思想体系であり、今日に至るまで、依然として広範な適用性を備え、そのために、悠久の時間が過ぎ去っても、実用的な価値を失うことはなかったのです。

儒学思想の生き方は、うまく現代的な日常生活に適合するもので、二十一世紀の社会の中でも、依然として不可欠な重要性と多元的な実践価値が備わっているものです。それは、私たちが深く研究して、自ら体験し、実行するに値するものということができるでしょう。

（二〇一四年六月二十日、第二十六回「孔子祭」にて）

人間力《とは》何か

伊藤仁斎の〈私〉さがし

小島康敬

◉小島康敬（こじま・やすのり）
1949年生まれ。学習院大学大学院博士課程中退。弘前大学助教授、コロンビア大学客員研究員を経て、国際基督教大学教授、東日本国際大学客員教授。日本思想史・日本倫理思想専攻。和辻賞受賞（昭和56年）。
著書に『徂徠学と反徂徠』『春台先生紫芝園稿』（近世儒家文集集成6）『時代区分の思想』（共著）いずれも、ぺりかん社刊。

何のために学ぶのか

はじめに、私たちは何のために学ぶのでしょうか。こういう問いを立ててみたいと思います。現代は「情報」の時代といわれています。皆さんもパソコンなどの操作が上手で、生活に生かしていることでしょう。現代では「情報」をうまく処理することが社会を生き抜くために求められています。そういった傾向は明治以降の「近代」からの特徴でもあります。近代は「知」の時代といえます。「知」の時代にあって、新渡戸稲造《にとべいなぞう》という人は、江戸時代の人々の学問する姿をふり返って、「知」を偏重する時代状況に疑問を呈しました。江戸時代の人々の学びの目的は「徳」の形成にあったのであり、学びとは単に知を追い求めることではなく、人格の修養にあったのではないか、というのです。学問を通して人格の完成をはかること、つまり学問と人格の一致が、江戸時代の学びの姿だったというのです。そうしますと、ごく大ざっぱに見ると、江戸時代は「徳」の時代、近代は「知」の時代、そして現代は「情報」の時代といえるでしょう。皆さんは大学に何を求めますか。「徳」ですか、「知」ですか、「情報」ですか。今日は、伊藤仁斎《いとうじんさい》という江戸時代の儒学者を通じて、「徳」について考えたいと思います。

若い頃は、「私とは何だろう」という自己探求の思いが強いものです。ではこの〈私〉とはどんな存在なのでしょうか。たとえば、〈私〉について考えるとき、それを考えているもう一人の〈私〉がいるような気がします。すると、さらにその後ろにそれを見つめる〈私〉が出てきて、私A、その私Aを見ている私B、その私Bを見ている私C……というように、私←私←私と、合わせ鏡で自分の像を映し出すと無限に像ができるような、そんな感覚に襲われませんか。このように〈私〉はどんどんと広がって遠のいていってしまう、これを「自我のバームクーヘン的拡散」と私は勝手に呼んでおります。

バームクーヘンの中心には、何もありませんね。〈私〉をつかまえる行為もまた同じことで、自我の中核は空っぽ、見つめる私がどんどん肥大化していってしまうのです。人生とは何か、自分とは何だろうと問うことは、実はこういう事態に直面しているのではないでしょうか。自分を追い求めることは、追い求めているのが自分自身ですから、あたかも犬がじゃれて自分の尻尾にかみつこうとしてぐるぐると回っている事態にも例えられましょう。

ところで、今日取りあげる伊藤仁斎という儒学者も、実は私たちと同じような思春期の苦悩に取り組んだ人だったのです。

では、伊藤仁斎とはどんな人だったのでしょうか。簡単に復習します。伊藤仁斎の肖像は非常に穏やかに見えますね。四十歳を過ぎたら自分の顔に責任を持て、といわれますが、実に柔和な表情ですね。この肖像からは想像しにくいのですが、若いときの仁斎は随分と圭角であった、つまり性格や言動が尖《とが》っていた、と自身が語っています。仁斎は、学問によって人格を磨き上げ、練り上げていったのでしょうね。

江戸時代の京都に生きた町人の儒者である仁斎は、若いときには朱子学を学びました。しかしその後、朱子学を批判して古義学と呼ばれる考えを打ち立てました。古義学とは、朱熹《しゅき》や王陽明の解釈を退けて、直接、孔子・孟子の学問を学ぶべきだとする学問的主張です。

伊藤仁斎の最大の特徴は、他の儒学者――新井白石や荻生徂徠《おぎゅうそらい》――とは違って、直接政治家と関わらなかった町人儒者だったことです。彼は十一歳の時『大学』を学び激しく感動することから、学問を始めます。十九歳になると朱子学にのめり込み、学者として生きていきたいと願います。しかし今もそうですが、当時は学者として飯を食べていくのは難しく、ましてや町家の跡取りが職業とすべきものではありませんでした。当然、周囲は反対しました。親が老い、家が貧しくなったらどうするのか、親の老後を考えないのか、と彼を責めたてました。そのつらさは並大抵のものではなかったでしょう。しかし仁斎は自分の意思を貫き通します。自分のことを案じてくれる親や周囲の人たちの、愛による束縛を拒んで、学問に没頭してゆきます。誠実であるが故に、苦悩するのです。二〇代後半になると、自分の考えを『敬斎記』『性善論』『心学原論』などといった文章にして、纏《まと》めるようになりました。

引きこもりの七年

ところがです。二十九歳から、今風にいえば仁斎は「引きこもり」になります。ようやく世間に復帰したのは三十七歳のときです。社会に復帰してからは私塾「古義堂」を京都の堀川に開いて弟子をとり一生涯を教育に捧げたのです。塾では「同志会」と呼ばれる温和で和気あいあいとした研究会を主宰しました。彼の主著には『論語古義』という作品があります。当時、普通は『論語』を朱子の注釈にしたがって読むわけですが、仁斎はそうした読み方を排して、自分が直接に『論語』の原典にあたって読むべきだと主張しました。いわば、朱子という人の眼鏡を通さないで、自分の目で『論語』と取り組みなさいというわけです。彼は大名からの招きもありましたが、七十九歳で生涯を閉じるまで、町人儒者として生涯を貫き通しました。

今日はこうした仁斎の人生のなかで、「引きこもりの七年」に特に注目したいと思います。彼はこの時期、何をしていたのでしょうか。「自分を見つめていた」、こう言えると思います。彼は『論語』を、まさに自分の人生をすべてぶつけて読み込んだのです。このような仁斎の態度は、現代の大学教育の在り方を考え直すにあたって示唆深いものです。情報の入手だけを目的とするならば、それはインターネットに頼れば良いわけで、わざわざ時間をかけて大学に来る必要はありません。大学の役割、つまり学問する場としての大学の持つ意味は、情報の単なる入手ではなく、「知」を鍛えること、考える力を身につけること、にあるのではないでしょうか。

ところで、仁斎は引きこもりの間、手当たり次第に様々な思想と取っ組みあっています。朱子学はもちろんのこと、陽明学、さらには仏教思想にまで手を出します。それでも納得がゆかず、思想的精神的に彷徨《さまよ》い続けます。

朱子学では人間の本性は「善」なのだと主張します。しかし実際、人間は様々な悪を犯してしまう。それは心が「人欲」によって曇らされているからです。この心の曇りを取り除けば、誰でも「善」の人、つまり「聖人」になれるのです。「人欲」の心を取り除いて、「天理」を体現した本当の自分に立ち返れ、というわけです。

聖人になるには二つの方法があります。「格物窮理《かくぶつきゅうり》」と「居敬《きょけい》」です。仁斎がとった方法は「居敬」です。「居敬」というのは簡単に言えば、自分の心を深く見つめることです。坐禅《ざぜん》のように、精神修養をする。黙想する。「人欲」に覆われていない本来の自分を見つめる、そういうことに仁斎は励みました。中でも、「白骨観法」の実践は仁斎の生《き》まじめさと、それ故の苦悩をよく示しています。「白骨観法」とは、一種のイメージトレーニングと言って良いかもしれませんが、生身の人間を白骨のように見るのです。綺麗《きれい》な女性を目の前にしても、一皮むけば骨だ、骨だと、白骨視するのです。そうするとどうなるのか。彼の後年の手紙には、この頃のことを回想して、こう書いています。「他人と会話しているときでも彼らが白骨にみえ、天地の生死すらもなく、幻のように思えた。世間日常の道徳などどうでもいいものに思えてしまった」と。思うに、世界全体が墨絵のように見えてきたのではないでしょうか。幽玄ではあるが、何かリアリティーがない、そういう世界の見え方です。

私たち人間には「欲」があります。そうした「人欲」に覆われた「私」から、「天理」を体現した本来の「私」に立ち返れ、朱子学ではそう説きます。若き頃の仁斎は朱子の学説を単なる知識としてではなく、体ごと受けとめて忠実に実践して修養するわけですが、その結果が、世界の様々な色合いや他人との関係がすべて脱色してしまう事態に立ち至った、こういうことだと思うのです。言い換えれば、この頃の仁斎は本当の自分を激しく求めて、そのあげくに「世間超脱」の気分に、ときに酔いしれ、ときにさいなまれて、もがいていたのだと私は推測します。

私は、〈私〉探しというのは、ある意味で危険性をもっているのだと思います。自分を探し求めれば求める程に、逆に自分を見失っていってしまう。自分はどこまで追いかけても見えてこない。自分の自分自身による関係性で頭がいっぱいになり、他人との共感、同調が失われてしまうのです。それが跳ね返ってきたとき、実は、他人だけではない、自分自身の存在までが希薄化してしまうわけです。それは、精神分析的にいえば、「離人症」と呼ばれる症状に当たるのではないでしょうか。「離人症」とは、自分の外の世界や自分自身に対する実感が薄れてしまう症状です。仁斎の七年におよぶ苦悩とそこから脱出しようとする過程、その精神のドラマに私は強く引かれます。儒学は昔の古くさい話ではありません。現代社会にも結びつく何かが、あるのです。

以上の仁斎の苦闘から私たちは何を学び取れるのでしょうか、それは「自己のとらえ返し」です。たとえば私は、私だけで〈私〉と言えるでしょうか。これは私の考えだ!、私はこの色が好きだ! こう言うことはできます。これはいかにも、個性にみえるでしょう。しかし実際には、小さい頃からの慣れ親しんできた環境や、教育の蓄積の結果に由来するのではないでしょうか。だとすれば、個性にみえる意見や価値観も、他人から刷り込まれてきたものだと言えないでしょうか。

また、これは私独自の考えだと、誰かが言ったとします。ウソー、本当にそうですか。あなたは何で考えていますか。考えている際に使っているのは、言葉ですね。日本語という言葉の秩序、つまり先人の言葉の蓄積を使って考えているわけです。これまた「自分」一人の個性とはいえません。言い換えれば、あなたが考えているのではなく、日本語という言葉の構造・秩序があなたを考えさせているのです。こう考えてみると、〈私〉とは実は「関係性」に他ならないのではないでしょうか。私自身、〈私〉として存在しているかどうかは疑問です。他者との関係のなかで、父親であり、弟子であり、教師であり……と様々な役割を演じて生きているのです。「関係性の中にある〈私〉」という、〈私〉の捉え方の発見が仁斎をして〈私〉探しの落とし穴から脱出せしめたのではないでしょうか。

生命の流れの中にある私

ここに『夜と霧』（みすず書房）という一冊の本があります。これはナチスの収容所での出来事を書いた本です。希望のない世界で生き残った著者フランクルは、次のように言います。「希望を見失った者ほど、早く死んでいった」と。希望を見失うなと言われても、ガス室で死を待つばかりの状況でどんな希望があるというのでしょうか。彼は次のような旨を言っています。私が人生から何を期待できるかではなく、私が人生から何をまだ期待されているか。他者のまなざしに応えようとする所に生きる力の根源がある。悲惨な状況にあって生き延びることができるのは、自分を見ている他者の期待に応えようとすることが大きく関与している。他者との、世界との関係性が崩壊したとき自己も崩壊する。この場合の他者とは、親であったり、子であったり、恋人であったり、友人であったり、あるいは神であってもよい、と。

これは一体、何を意味しているのでしょうか。言いたいことは次のようなことです。それは自分が他者との関係を断たれたときに、早く崩壊するということです。「この困難なときと、また近づきつつある最後のとき」、他人のまなざしがあれば、生きることができる。こう言っていると思うのです。彼は妻とともに収容所に入っていました。奥さんはすでに亡くなっていましたが、それを知らない彼は、彼女の視線、彼女の期待に恥じないようにという思いで生き抜くことができたのです。つまり、これは他者からのまなざしによって生きることができた、という意味です。これまで述べてきた「関係性」とはこういう意味なのです。他者の発見こそ、生きることを意義づけることなのです。世界との関係性の崩壊は、〈私〉自身の崩壊を意味してしまうのです。「人生を見る目のコペルニクス的転回」とはそういう意味なのです。

他者の発見こそ、自分が生きていく力になるということを、フランクルは教えてくれます。純粋な〈私〉などという無色透明な存在はないのだ、これを腹の底から分かったとき、伊藤仁斎は引きこもりから脱出し、私塾を開くことができたのでしょう。「古義堂」と名づけられた塾での授業は、今でいうゼミ方式で、つまり教師が上から目線で教え諭すのではなく、学問を目指す「同志」が対等の資格で渡り合う、そういう形で展開されました。仁斎はそれを「同志会」と呼んでいます。仁斎の塾が醸しだす和やかな雰囲気は、すぐ近くにあった山《やま》崎闇斎《ざきあんさい》の塾の厳格な雰囲気とはまるで違います。当時、闇斎の塾は師弟関係も厳しく、講釈中心の徹底したスパルタ教育で有名でした。闇斎の塾からは優れた弟子が輩出し、これはこれでまた魅力があったといえます。では時間も近づいてきたので結論に入りましょう。

伊藤仁斎の思想は、大きく分けて二つの特徴があります。まず朱子学では「理」を重んじます。道理の探究です。しかし仁斎はこの「理」について否定的です。なぜなら「理」づめで考えを突きつめることは、人に対して攻撃的な人間を生み出してしまう傾向があるからです。「道理」、道徳的正しさを追い求めるあまりに、それを他者にも厳しく要求するのは「残忍酷薄」に他ならないと仁斎は言います。正義を振りかざすことの恐ろしさを、仁斎は知悉《ちしつ》していたわけです。それよりは、「恕《じょ》」、つまり他者を思いやって許すことが大事なのだと仁斎は主張します。また別の言葉でそれを「仁愛」と言いました。仁斎は「仁」の徳とはとても大きくて一言で言えるものではないが、あえて一言すれば「愛」だと、言い切りました。「愛」から出てこない人間関係などはすべて偽りであり、愛こそすべての人間関係の根幹である。さらに心と愛が隙間なくいっぱいになること、これを「仁」だと言ったのです。

もう一つ大事なことを仁斎は主張しています。それは「生命の流れの中にある私」とでも言うべき見方を提示していることだと思います。『易経』の一節に「天地の大徳を生という」という一節があります。仁斎はこの一節を受けて、天地の働きには、「生」だけがあって「死」はないのだ、とこういうスゴイことを言っています。え!、「死」はない? だって、人間を含めて生物には必ず「死」があるじゃないか、何を寝ぼけたこと言っているのだ、と言いたくなりますよね。仁斎は、「生に対しての死はない、死というのは生の終わりに過ぎない」と言っています。これは言葉遊びではありません。私は考えたあげく、次のように解釈しています。私の体は無数の細胞でできています。この個々の細胞は死んだとしても、私は依然として生きています。このことと同じように、宇宙という広い視野から見れば、私という一個体は死んだとしても、生命全体の流れはなんら変化せず、生命活動を続けている。つまり宇宙の生命への賛歌が読み取れるのではないでしょうか。

私たちは、個人の生命を尊重します。つまりそれは近代の考え方です。命は誰のものでしょうか。そんなこと分かりきっているじゃないか。私のものに決まっているじゃないか。私の命、あなたの命、彼の命、彼女の命、命は個々人がかけがえのないものとして所有している、そういうふうに私たち近代人は考えます。しかし、仁斎を含めて江戸時代の儒者の多くは、命は「天」からの授かりものだと考えていました。くどいようですが、命は私の所有に帰するものではなく、「天」に帰するものです。「天」、つまり宇宙は永遠の生命活動を展開しており、そうした命の大きな流れの中の一点に自分は位置しているに過ぎないと考えるのです。私という存在は宇宙の命の流れの中にあって、その命を受け取り、次に渡してゆく、いわば命のリレーのバトンランナーである、と考えてみると分かりやすいかもしれません。これは近代とはおよそ違う生命観ではないでしょうか。

私が存在するためには、父母が必要です、その父母が存在するには、祖父母が必要です、その祖父母が存在するには、……ずっと遡《さかのぼ》ってゆくとどこまでたどれるのでしょうか。宇宙における生命の始原まで遡ります。命のリレーの中の一つでも欠けていたら今の私は存在しません。奇跡のようなこの命のつながり連なりによって、私は、今、ここにいるのです。気の遠くなるような宇宙の生命活動のつながり連なりがあって、はじめて私はいる。この命のつながり連なりを痛烈に認識し、後世に伝えていくこと、これが儒教における「孝」という思想なのではないでしょうか。

まとめます。今日、私が皆さんに伝えたかったことは、1〈私〉を他者との関係性の中で捉えよう、2〈私〉を命のつながり連なりの中で捉えよう、この二点です。

最後の最後に、皆さんはこんなフレーズをどこかで見聞きしたことはありませんか。「私たちはどんなに頑張っても一人では生きていけません。人は人の間に生きているからこそ『人間』なのです。」

これは何でしょう。これは東日本国際大学ホームページ「ビデオで見る建学の精神」で謳《うた》われている一節です。

ご清聴ありがとうございました。

（二〇一四年六月二十日、第二十六回「孔子祭」にて）

人間力とは何か

脳科学入門

人間力を
育むために

中野信子

⊙中野信子（なかの・のぶこ）
1975年生まれ。東京大学工学部卒業後、同大学院医学系研究科医科学専攻修士課程、同大学院医学系研究科脳神経医学専攻博士課程修了。フランス国立研究所サクレーの研究員を経て、現在、脳科学者として多くのテレビ番組に出演している。東日本国際大学教授。
著書に『脳科学からみた「祈り」』（潮出版社）、『科学がつきとめた「運のいい人」』（サンマーク出版）、『努力不要論』（フォレスト出版）、『脳内麻薬』（幻冬舎新書）などがある。

頭の良さは遺伝するのか

今日は脳科学入門というテーマで、話をしてほしい、とのご依頼をいただきました。脳科学は、あまり難しいことを最初からお話しすると、とっつきにくいなという印象になってしまうので、身近な現象とか、脳科学でよくいわれているようなことが本当なのかどうか、そういうお話を今日はしていきたいと思います。

歴史的にいうと、脳の活動を可視化するということが、脳科学研究の第一歩でした。脳科学と一口に言っても、脳は頭蓋骨の中に入っていますよね。頭蓋骨の中にある臓器をどうやって調べるのだろうと、いろんな人が昔から工夫をしてきました。60年ぐらい前から少しずつ分かってきたこと、開発されてきた技術としてあるのは、この左側にあるＰＥＴという機械です。何をする機械かというと、体の中に放射性物質を入れて、それがどんなふうに血の中を巡って、脳に行って、脳のこういうところが使われていますよ、脳のこういうところがこういう物質を消費していますよと調べて、何かを見るとか、何かを食べるとか、こういう気分になっているときは、こういうところが活動していますよという機能的な状態を可視化する。まず、機能を見えるようにするのを可能にしたのが、ＰＥＴという機械です。

　これは放射性物質を使う方法でして、それが長らく使われてきたので、放射線医学などといわれる分野ですけれども、原子力研究と核医学、放射性物質を使う研究とは、密接な関わりがあったわけです。私の行っていたフランスの研究所はフランス原子力庁というのですね。私は原子力研究をしていたわけではないのですが、脳科学を原子力庁でやるという流れが自然にできてきた歴史があったのです。今でも、原子力庁の中に脳科学の研究所があります。最近になって、ｆＭＲＩ、という機械が開発されました。皆さんも聞いたことがあると思いますが、これは磁気を使って脳の機能を見る機械です。

　ＭＲＩというのは、magnetic resonance imaging と言うのです。血液の中に鉄分があるというのはご存じですかね。ヘモグロビンという物質の中に鉄分が入っていて、そのヘモグロビンが酸素と結び付くことで、体の隅々まで酸素が行き渡りますよね。この酸素化したヘモグロビンと、酸素を失ったヘモグロビンが、私たちの体の中にはまぜこぜに入っているわけですが、この酸素を失ったヘモグロビンと、酸素と結び付いたヘモグロビンでは、ちょっと磁石に対する反応が違うのです。ということで、酸素が脳のどこで使われているのかということを、この右側の機械、ＭＲＩでは見ることができるのですね。そんなふうにして、脳のこの辺が活動していますよというのを可視化するのが、ｆＭＲＩという機械です。私はこれを使って、研究をしておりました。

装置の話はこれくらいにして、みなさんがおそらくもっと興味があるのではないかと思うテーマ、頭の良さは遺伝するのかどうか、についての話をしたいと思います。頭の良さは、遺伝でほとんど決まると思う方、どれくらいいらっしゃいますか？　それでは、遺伝であまり決まらないと思う人？　なるほど、努力が大事だと思う人のほうが多いですね。これは昔から学者の間でも議論が絶えないところでした。生まれか育ちかということを、どういう研究をしたら答えが出るか。一つには、双子を対象とした研究をする、という方法があります。一卵性双生児と二卵性双生児を比較するんです。

東大付属という学校があるのを知っていますか。東大にも付属高校があるんです。ただ、この学校は、東大に進学するための学校ではないのです。東大の教育学部の人が、彼らを観察して、実験するために双子を優先的に東大付属に入学させるのですね。実験場と言っては響きが悪いのですが、そういう学校です。そういった場所での研究で、一卵性双生児と二卵性双生児を比較することで、知能は生まれなのか、育ちなのかということがだんだん分かってきました。

実際は、ＩＱという尺度を使って調べていきます。知能指数、ウェクスラー式が一般的に医療用、研究用では使われることが多いですね。東大生の平均は１２０といわれます。だいたい普通の人の平均は１００と設定されるのですが、実はちょっと日本人の平均値というのは高くて、１０５から１１０といわれています。世界平均よりすこしだけ高いのですね。頭の大きさと知能とは、やや相関があることが分かっていて、頭の大きい人のほうが、わずかにＩＱが高い。今、小顔がブームですけれども、頭が大きいほうが、実はちょっと頭がいい、ということになるでしょうか。

東大出身の俳優さんとか、女優さんがいらっしゃいます。私の好きな香川照之（九代目市川中車）さんとか、東大出身で活躍されていますが、ちょっと頭が大きい、といえるかもしれない。東大には少し頭が大きい人がやや多いはずなのです。私もちょっと頭が大きいかもしれない。

頭の大きさと関係あるのかどうかは何とも言えませんが、大脳皮質が厚い人が、知能指数が高いといわれます。特に、前頭前野と後側頭葉というところです。この部分の厚さが厚い人が、頭がいい人、ＩＱが高い人です。この部分が何をしているところなのかは、おいおいご説明をしていきましょう。

生まれか育ちかというところはまだ完全な答えが出ているわけではありませんが、アメリカの研究グループのある実験で、生まれつき頭のいい個体を、実は、遺伝的につくることができるという実験をしているところがあります。ＮＭＤＡレセプターという、いわば記憶に関わるタンパク質です。これを遺伝子操作すると、なんと生まれつき頭のいいスマートマウスをつくることができるのです。記憶力が良くて、迷路学習の能力が高い、一回覚えると忘れない、そういう頭のいいマウスを、遺伝子操作でつくれる。おそらく人間も、そういうふうにしようという動きが、将来的には出てくるでしょう。そういう個体が、もしかしたらお金を払えば頭を良くしてもらえるという時代が、来るかもしれない。そういう可能性を示唆した、ちょっとセンセーショナルな実験だったのですけれども。

記憶力はどう測るのかというと、モリスの水迷路という装置を使います。どういうものかというと、たらいの中に、色の付いた水、濁った水を入れておくのですね。白く濁らせた、下が見えないような水、その中に、一カ所だけ丸い台を置いて、そこにマウスが上がると水に濡れなくて済むという台を設定しておく。そうすると、マウスは水が嫌いなので、たらいの中をあちこち走り回るのですね。たらいの周りには、星とか、丸とか、印を付けておいて、この辺に行くと台があるということを、一回その中を走り回ると分かるように、覚えられるようにしておくのです。そうすると、だいたい何回か水迷路のトライアルを繰り返すと、丸い台がここにあるよということをマウスは覚えるのです。が、この生まれつき頭のいいマウスは、あまり試行を繰り返さずに、すぐ台を見つけて、つまり学習能力がものすごく高くなるのですね。そういうことを実験している人がいて、どうも知能というのは生まれつきなのではないか、ということをこの実験は示唆するわけです。

ちょっと双子実験の結果と変わってくるわけですが、またこの問題についても、時間があれば、もう少し、あとのほうで語っていきたいと思います。

双子研究の結果からは、実は、知能は遺伝的に決まってしまう、知能は教育で伸ばすことができる、両方ともある程度は正解なのですね。遺伝率は、約50％です。この遺伝率というのもちょっとトリッキーな言い方なのですけれども、また来年、授業でできれば、遺伝率の詳細な意味についても、話をしていきたいと思います。今はざっと50％と思っていただければいいでしょう。

さて、頭の良さ、どれぐらい似るかというと、ＩＱの相関は45％です。お父さん、お母さんが頭のいい人は、子どもが、頭のいい確率45％ぐらいと思ってもらえればまあそれほど間違ってはいません。意外と、似ないものですね。それでは、おじいちゃん、おばあちゃんではどうか。この場合は、30％ぐらいですね。遺伝子そのものの受け継がれた割合が25％であることを考えると、ＩＱの相関のほうがやや高いと言えるでしょう。おじさん、おばさんはどうかというと、遺伝的相似が12・5％ですから、ＩＱの相関はそれに比べるとちょっと高い、15％くらいは、おじさん、おばさんが頭のいい場合に、自分も頭のいい可能性はこれぐらいということになります。

脳は何歳ごろに完成するか

ＩＱが高い人の脳はここが違うよとお伝えしたわけですが、実は、脳というのは、場所によって育つ早さが違います。ＩＱに関連するのは、前頭前野と後側頭葉でしたね。脳には、もう生まれたときに出来上がっていて、教育しても、そんなに能力が飛躍的に伸びるとは言えない部分があります。もともと才能と呼ばれるものがある、なしが決まっちゃっている部分、これは運動野なんかがそうです。だから、アスリートの人なんか、子どもをたくさんつくったほうがいいかもしれません。あとは楽器を演奏する人ですね、才能、生まれつきの能力ということが大きく関わってくる職業、こういったお仕事に使用する部分は、かなり早い段階で出来上がってしまうといえるでしょう。

一方で、ＩＱの高い人で、よく発達している部分は、生まれたあとに長い時間かけて発達して、完成していく部分なのです。何歳ごろ完成するかというと、よく3歳までに教育しないと脳が出来上がっちゃうみたいに言われますが、3歳よりずっとあとで出来上がります。25歳から30歳くらいまでの時期にようやく完成していく部分です。皆さんは、まだまだ発達途中なのですね。なので、知能をもう少し伸ばしたいな、ひらめきとか、頭を良くしたいなと思っている人は、今が最後のチャンスかもしれない。

言語性知能と非言語性知能、人間の知能は大まかに分けて、2種類の要素からなっています。非言語性知能のことを英語ではNon-Verbal IQと言いますけれども、柔軟に物事に対処する力とか、新しい問題、ちょっとこういう出来事に出合ったことがなかったなという問題に対処する、頭の柔らかさだとか、そういう側面をつかさどる知能のことです。これは生まれつき決まっていて、訓練が難しいとされます。Verbalというのは、口の、言葉のという意味です。言語性知能のことは、Verbal IQと言います。Verbalと付いていることから推測されるかもしれませんが、言語コミュニケーションとか、本を読んだり、講義を聴いたり、そういうことによって身に付けられる知識、経験のことです。これは生後の環境によって育つ部分で、死ぬまで伸ばすことが可能といわれています。

普通、ＩＱというと、20歳ぐらいを境に落ちていくと思う人が多いのですけれども、その落ちていくものは、Non-Verbal IQ のほう、Verbal IQ のほうは死ぬまで伸ばすことが可能です。この2つを重ね合わせたものが人間の知能といわれるのですけれども、だいたいそのピークというのが50歳を過ぎてから、人間の知能はピークを迎えるという理解が、今では脳科学の大きなコンセンサスと言えます。だから、皆さんは今後、知能がかなり伸びていく途中の段階なので、あと30年ぐらいして、どういうふうになっているかは、今、何かするか、しないかで、かなり大きな開きが出ちゃうという、境目の時期にいると思います。

人間らしく生きるための領域

共感力、相手の立場になってものを見る力、脳のどこがそれを担っているのかと言いますと、前頭前野と言います。これはさっきのお話の中にも出てきましたね。ＩＱの高い人で発達している領域、前頭前野が担っている機能です。前頭前野はいろんな機能を持っているのですね。すごくたくさんの、ちょっと思い付くだけでも8個も9個も機能がある。合理的に考える、意思決定する、注意、集中する、感情のコントロールをする、自分の行動を自分で内省する、共感する、などといった能力もここがやっています。あとは、感動するとか。そういうことを一手に引き受けている領域です。

一言で言うと、人間らしく生きるための領域が前頭前野です。この前頭前野の中でも、眼《がん》窩《か》部《ぶ》といって、ちょっと目があるくぼみに近い領域、眼窩部、眼窩前頭前皮質とも言うのですけれども、前頭前野の眼窩部というところ、ここが共感性の領域、人の立場になってものを見る力の源になっているといわれます。

この部分が快の刺激、自分にとって良いと思われる刺激を判別する領域と、連動して活性化すると、脳がこれを「プラスの報酬」というふうに思います。そうすると、プラスの報酬に向かって行動するようになるので、行動を強化するサイクルを生むことが分かっています。これが学習とか、発達とか、意欲、創造性のもとになるというふうに、今ではモデルがつくられています。

不快なものに関してもそうですね。こういうふうにすると、良くないのだということを学習する領域、マイナスの報酬と感知すると、行動を抑制するサイクルになりますので、自分の行動を抑えたりとか、上品な振る舞いをするようになる。相手の悪口をなるべく言わないようにしようとか、ですね。

脳研究というのは、進んでいるようでいて、その進み方というのは微々たるものなのですが、最後のフロンティアと言われ始めて、もう30年たつという研究領域でありまして、今日の目的です。ちょっと枕が長すぎましたが、本日の目的は、脳科学についての誤った常識について、ちょっと知ってもらおうということ。それから、脳の性質には生まれつきの個人差がありますよということ。民族間の差があります。日本人に独特の脳の働きというのもあります。そして、最後、自分の脳、あとは他人の脳をうまくコントロールする方法があるよということ。そして、より豊かな生き方をしていきましょうねという、テクニックをちょっとお伝えしていきたいと思います。

脳科学の誤った常識

まず、脳科学の誤った常識その第1問。これ、丸と思う人は。

脳科学の先生がよく言われるのですよね。「右脳が発達していると創造性が豊かになる」、そんなわけがない。右脳だけが発達している人なんていませんという、迷信なのですね。これが分かったのが２０１０年ごろのことです。右脳、左脳人間とか、心理テストみたいなものでよくやっていると思いますが、あれはもう本当に血液型占いと同じぐらい、根拠のないものです。

しかしながら、生物史から見た左右の機能分化というのはあります。右脳が何をやっているか、左脳が何をやっているか、こういうことをやっています。だいたい右脳というのは全体視しているといいます。空間解像度が低いという言い方もするのですが。たとえば、皆さんから見て、この壇上にこういう青い人が立っているねという感じの見方をするのが右脳です。何でこういうふうに見るかというと、だいたい大きく見ておいて、予期しない事態、たとえば、いきなり変な人が入ってきたというような事態があった場合に、全体を見ておいたほうが、そういうことに注意しやすいので、右脳ではこういうことをやっているといわれます。天敵の回避という機能があったと考えられています。これは、魚の時代からそういう機能があったというふうに、今ではいわれています。

一方、左脳では何をしているかというと、部分視・中心視、集中して物事を見るところ。たとえば、壇上に私が立っているわけですが、私だけを見ているとか、私の指し示しているスライドの一点を見ているとか、そういうことをするのが左脳です。パターン化した、日常的な行動の不備とか、そういうものを検出するために、そういう機能になっているといわれます。こういうことを中心に研究してきたのは、ロジャー・スペリーという人で、１９８１年にノーベル医学・生理学賞をとっているのですね。これは30年前の知識です。

それで、どういうふうに左右の機能分化、全体視なのか、部分視なのかということを調べたか。こういう研究です。Ｈの大きい文字が見えますか。Ｈの形に並んだＡの字、てんかんの患者さんでは、脳を切って、半分に分けていることがあるのですね。そういうのを分離脳患者と言うのですけれども、分離脳の人にこの絵を見せる、左半球がない人、左半球が損傷している人は、大きなＨの字を線で書くのですね。一方で、右半球が損傷している人にこの絵を見せると、小さいＡの字を紙全体にバラバラに書くのですね。Ｈの形というのを認識できなくて。という報告から、どうも右脳では全体視をしている。左脳では中心視・部分視をしているということが分かったのです。これももう40年近く前の実験ですが、処理する情報の空間解像度が異なるのですよということが分かります。

しかしながら、多くの人の脳ではそう働いているのですけれども、ある人では右脳しか働いていないとか、ある人では左脳しか働いていないとか、そういうことはない。機能分化に個人差はないということが２０１０年の研究で分かりました。１０００人以上の、脳の神経活動を観察して、７０００以上に細かく分けて脳画像を測って、左脳と右脳と、機能に個人差があるのかどうかを調べると、全く偏りはない。有意な偏りはないということが分かりました。

よく脳科学というと、右脳人間とか、左脳人間とか、私の脳は何型でしょうかみたいなことをいわれるのですが、右脳を鍛えようとか、そういうことは全くの疑似科学であります。

「モーツァルト効果」という疑似科学

ということで、第2問、丸か、バツかをお答えください。モーツァルトを胎児期に聴かせた子はＩＱが高くなる。モーツァルトを聴くと頭が良くなるとか、聞いたことがありますか。お母さんとか、もしかしたら、一生懸命やっていた人がいるかもしれませんが。本当かどうか。

そんなわけないじゃんという人が多くてうれしいです。実は、こういう実験は誰もやっていないのですね。モーツァルトを赤ちゃんに聴かせると頭が良くなるという実験は誰もやっていない。赤ちゃんに聴かせると頭が良くなるって、そもそもどうやったら調べられるんでしょうという、実験デザインからして難しい。

もともとは、大学生に対する実験だったのですね。１９９３年の『Nature』という有名な科学雑誌に載った研究なのですけれども、これが、大学生に対して試験前にモーツァルトを聴かせた。その試験のあとで点数を比較したという、聴かせていないグループとの点数を比較するのですね。そうすると、モーツァルトを聴かせたほうが高かったですよというデータが『Nature』に載ったのですが、なぜかいつの間にか、赤ちゃんに聴かせると効果があると拡大解釈されちゃったのですね。間違いのもとになったのが、ドン・キャンベルという人の『モーツァルト効果』という本だったのですけれども。今でいうトンデモ本ですね。

このトンデモ本を読んだジョージア州の知事がすっかり勘違いして、子どもにモーツァルトを聴かせるといいんだというふうに、思い込んじゃった。それで、ジョージア州内で生まれたすべての赤ちゃんの親に、クラシック音楽のCDを配布しようと、皆さんの税金からですよ、予算10万ドルを要求したのですね。議会はそれを承認してしまいました。その承認したということがまた宣伝効果になって、「モーツァルト・エフェクト」というのが、トンデモにもかかわらず、全世界にも流布されることになったのです。今でも、親御さんやっていらっしゃる方がいますね。高額なところでは1千万円ぐらいお支払いになる方もいらっしゃると聞きますが、残念なことですね。

これは、実は、大学生に聴かせると点数が上がるという実験も、再現性がないことが分かりました。再現性は分かりますかね。再現性というのは、ほかの、全く同じ条件でほかの人がやっても、同じ結果が出るということです。だけれども、ほかの人がやったら、そういう効果は確認されなかった。モーツァルトを聴いても意味がなかったということが分かった。これが、6年後の、1999年の『Psychological Science』という雑誌に、学術誌に掲載された論文です。アーチファクトといって、自分が見たいものを見ちゃう。実験していて、本当はまっさらな気持ちで結果を見なければいけないのに、見たい結果を見てしまう。こういうことが科学の世界でもよく起きます。

モーツァルト・エフェクトというのも、疑似科学だということが、今では分かりました。まだまだ信じる人がいるのですよね。信じたい人は止めませんけれども、お金を払ったことによって効果が出るという人がいるかもしれない。私は勧めませんけれども。だまされたい人は、だまされるのも、楽しいのではないですかね。

妬みと嫉妬の脳科学

3問目にいきましょう。妬《ねた》みによるいじめは男性社会のほうが起きやすい、丸かバツか。男の人のほうが妬みやすいと思う人。すごく元気よく手を挙げた人がいる。そんなことはない、女性のほうが妬みやすいと思う人、このほうが多いか。これは、実は、妬みというのがポイントでして、嫉妬であれば女性ですが、嫉妬と妬みはちょっと違うのですね。丸です。男性社会のほうが、妬みという感情が起こりやすいという実験があります。

しかも、男性のほうが妬みを感じやすいのと同時に、相手が失敗したとか、ダメージを受けたというときの快感が大きい。ネットスラングでメシウマってありますよね。人の不幸で、今日も飯がうまいとか、そういう、メシウマ感情が男性のほうが強いといわれています。

妬みと嫉妬の違いはこういう違いです。妬みは、自分と同じぐらいの人、たとえば、自分と同じ20歳前後の人で、だいたい同じクラスの学生さんで、将来の目的も何となく似ていて、という人が、自分よりもいいものを持っている、自分よりもいいバイトをしているとか、自分よりもかわいい彼女と付き合っているとか、自分よりも親が金持ちであるとか、自分自身が欲しいと思っているある価値を、ある他人が持っているか、獲得したことについての、怒りの混じった悔しがり、これが妬みです。

一方、嫉妬は何かというと、自分のものであると思っている何かを誰かが奪いにやってくるのではないか。自分の彼氏を誰かほかの女が奪いにくるのではないか。そういう可能性、競争者というのを排除してしまいたい。自分の持っているものを奪いにくる可能性があるやつは殺してしまいたいとか、そういう可能性を排除したいという衝動と結び付いた苦痛な情念のこと、これを嫉妬と言います。

なので、妬みは上の者に対して、嫉妬は自分の可能性を奪いにくるもの。妬みは奪いたい、嫉妬は奪われるのが怖い、そういう逆方向の感情です。そして、妬み感情は脳のどこでやっているか、脳の正中断面をみてみると、脳の左右の半球の境目に、帯状皮質というところがあります。その前方、前帯状皮質とよばれる領域の一部で、妬み感情を感じているということが分かっています。前帯状皮質がそもそも何を担っているかというと、自分がこんなふうに頑張っているのに、なぜ報われないのだろうという痛み、報われない矛盾、不条理のようなものを感じている場所だといわれます。

一方で、これと同じ実験なのですが、妬みを感じている相手が失敗した、何らかの痛みを感じることがあった、その人に不幸が起こったという場合、たとえば、自分よりもかわいい彼女がいたあいつがその女性と別れた、事故に遭った、単位を落として留年したようだ、などということが明らかになった場合、そのときの喜びの強さというのが、線条体の活動の程度と相関しています。線条体は何をしているところかというと、喜びを感じる場所です。この喜びを感じる場所の活動の強さが、相手に嫌なことが起きたときの喜びの強さと相関しています。

この感情は、この活動の強さは、実は男性のほうが強い。あいつが不幸でうれしいという感情ですね。これが、女性よりも男性のほうが強い。

女性では何が起きるかというと、不幸が起きたときに、やはりうれしい感情はもちろん起きるのですけれども、同時に痛みを感じるということが分かっています。嫌なやつだけど、やっぱりかわいそうだねと思うのが、女性のほうです。

実は、残念に思う人もいるかもしれませんが、線条体の感じる感情のほうが、人間にとってはより強いようなのです。人が不幸になってうれしいという感情のほうが。それを抑えているのが大脳新皮質です。帯状回の部分。あるいは、前頭前野の部分です。

このセクションのまとめとしては、妬みは生まれつき男性の方が強く、共感性は生まれつき男性のほうが低いですが、学習によって変化が起きるということになります。

エピソード記憶に強い女性

次、記憶力は男性のほうが良いかどうか。女性のほうが良いと思う方。男の子ばかりですね。男性のほうが、記憶力が良いと思う方、女性のほうが多かったかな。答えは、女性のほうが、記憶力がいいです。エピソード記憶というのがあるのですが、これは2000年ごろ、15年ぐらい前にNybergという人が実験していて、女性のほうが男性よりも、出来事をよく覚えているということが明らかになったのです。

エピソード記憶というのですけれども、記憶には、実は、種類があります。長期記憶、短期記憶、中期記憶というのがありますね。これはちょっと大事なところなので、そのうちテストに出すかもしれませんよ。エピソード記憶というのは、長期記憶の一部なのですね。陳述記憶、非陳述記憶という二種類に、長期記憶は分かれます。陳述記憶と非陳述記憶、何が違うかというと、言語化できるか、できないかです。言語化できる記憶の一部がエピソード記憶です。意味記憶というのは、よく受験勉強でやるような、年号を覚えたりとかですね。エピソード記憶は、あのとき何があった、という出来事を覚えておくものです。非陳述記憶というのは、皆さんだと、自転車に乗るのは体が覚えるといいますよね。体が覚えるというのが非陳述記憶と思ってもらえればいいでしょう。あとは、お経を唱えるとかですね。意味がよく分かっていなくても、口が唱えるというのが非陳述記憶ですね。

そして、試験の点数に寄与するのが、当然、言語化できる陳述記憶のほうです。子どものころは、女の子のほうがちょっと成績良かったりしますよね。あれは、エピソード記憶が、女の子のほうが優れているからでしょう。これは皆さんだとまだ、あまりピンとこない人も多いかもしれないですが、女の子と付き合っていて、喧嘩《けんか》したときに、女の子って必ず、3年前のあのとき、こういうふうにしたよねとか、すごく昔のことを持ち出してきたりするんです。大人のほうがよく感じることかもしれませんが。何年前のあのときこうだった。今のことについて喧嘩しているはずなのに、なぜか2週間前のあのときこうだったという話を持ち出してきたり、こういうことをするのは女性のほうですね。これも、エピソード記憶が、女性のほうが優れていることの傍証だといわれています。

感情の安定性とセロトニン

また、これは夏休みの講義のときにちょっと答えを言っちゃいましたけれども、男性のほうが、不安傾向が高いかどうか、丸か、バツか。どうでしょう。男性のほうが、不安傾向が高いと思う方。女性のほうが、不安傾向が高いと思う方、少ないですね。これは実は、女性のほうが不安傾向は高いのです。セロトニンという物質が関与しています。セロトニンは、人の気分に大きく関係しているといわれています。

男の人と、女の人、どれぐらいセロトニンの合成する能力が違うか、これぐらい違います。左側が男性の脳ですね。右側が女性の脳ですけれども。男性がこれぐらい合成できるところ、女性は真っ青ですね、あまり合成できない。実は、合成能力でいうと、男性のほうが、女性よりも1・5倍ぐらい、つくる力が高いのです。

そして、生理周期とも関わっていまして、エストロゲンという女性ホルモンの増減を表したグラフを描くと、月周期で変動があり、量が少なくなってくると生理が訪れます。このエストロゲン量と連動して、セロトニンも増減を示すのです。脳内のセロトニンの量というのは、実は、女性ホルモンと連動しているのですね。クリティカルラインと呼ばれる、ある一線よりもセロトニンが減ってしまうと、不安になったり、怒りっぽくなったりということが起こります。うつ傾向になったりとかですね。女性が何となく男性に比べて気分屋さんに見えるかもしれませんが、それはこういう理由によります。

男性の好みとかも生理周期で変わったりするようなこともあり得るんです。駄目な人に引っかかりやすいのが、このクリティカルラインよりも下の部分の時期といえます。女性はちょっと気を付けたほうがいいかもしれない。これよりも上の部分のときに選んだ人と付き合うのが基本的には、お勧めといえるでしょう。気を付けたい男性についての話ももう少ししたいのですが、女の子だけの授業があれば、そのときがいいかもしれないですね。

感情の安定性とセロトニンの関係については、だいぶ多くの研究があるのですが、これが少なくなってくると訳もなく不安になったり、うつ病の症状が出たりします。セロトニンというのは、食事中のトリプトファンというアミノ酸から合成されます。食事中のトリプトファンの2％ぐらいが合成に使われるということです。トリプトファンがなくなってくると、セロトニンの量がこんなに減りますよということを調べた研究もありますね。男性ではそんなにクリティカルに減るということはあまりなく、影響を受けるとしても限定的ですが、女性のほうではほとんど合成できなくなって、危機的な感じになってしまいかねない。しっかりトリプトファンを含む食品を取ったほうがいいでしょう。

ということで、トリプトファンは食べ物から摂取するしかないのですが、肉、赤身の魚、あとはタンパク質ですね。チーズとか、落花生とか、面白い中ではパスタというのもありますが。やや数値にばらつきがあるのですが、どういう肉に多く含まれているかというと、だいたいレバーとかですね、そういうものに多く含まれています。普通は成人、体重60キログらいあったら、120ミリグラム取ればいいので、そんなにたくさん無理して食べる必要はないのですが、うつ症状で困っていたり、何となく最近気分が不安定だなというような人がいたら、その10倍量をとることが推奨されています。1000から1500ミリグラムぐらい。

東アジア人が一番頑固

次の話題にいきましょう。6番目。実は、日本人とヨーロッパ人の脳がちょっと違うということが分かってきています。頑固かどうかを決める遺伝子がありますが、これは日本人とヨーロッパ人、どちらのほうが多く持っているでしょうという問題です。日本人のほうが頑固だと思う人、あまりそう感じないですか。ヨーロッパ人のほうが頑固だと思う人。実は、バッですね。ドーパミンという物質が関与しています。中枢神経系に存在する神経伝達物質です。これは、快感、ときめき、意欲、やる気、そういうものに関わっている物質です。これをドーパミン類、カテコールアミンと呼ばれるドーパミンを中心とした物質があるのですけれども、それを分解する酵素に、実は種類があります。ジュリアス・アクセルロッドが調べたことです。１９７０年に、このカテコールアミン系の神経伝達物質の放出および分解を調べて、ノーベル賞をとった人なのです。

カテコールアミン分解酵素のサブタイプを見てみると、ちょっとこれは見にくいですかね。アジア人とアフリカ人、ネイティブなアメリカ人では、このブルーのところを見てもらえると分かると思うのですけども、この辺がちょっとヨーロッパ人の特殊なところで、通常のＣＯＭＴ遺伝子、カテコールアミン分解酵素の遺伝子を持つ人に比べて、この変異型を持っている人、青いところは変異型のＣＯＭＴなのですが、この変異型を持っている人はより考え方を変えやすい、環境の変化によって、あらかじめ与えられていた考え方をどんどん捨てちゃうという傾向が高いということが分かっています。

なので、これを見ると、東アジア人が一番頑固ですね。ヨーロッパ人が一番考え方を変えやすいといえます。言い換えると、環境から与えられたヒントを使って、自分のルールを見いだすことに喜びを感じるのがヨーロッパ人で、もともと与えられていた答えに従うのが東アジア人であるということができます。

浮気傾向の一番高い人種は

さて次の問題。日本人とアメリカ人の浮気傾向についてです。浮気傾向が高いのは日本人、丸かバツか。日本人、けっこう高いと思う人。そうでもないと思う人。アメリカ人と思う人はあまりいないか。日本人、実は、あまり浮気傾向は高くないです。女の子には安心かな。ドーパミン受容体が関わっています。DRD4という。2、4、7という3種類におおまかに分けられるのですけれども、この3種類のうちの、この7という種類、これが問題で、世界的には東アジアで一番少ない。一番多いのはどこかというと、南米です。

このDRD4の7、ある部分が7回リピートされているので7というんですが、これがくせ者で、DRD4の7回リピート型というのは、ドーパミンのシグナルを受け取りにくいのですね。どういうことかというと、快楽を感じにくいのです。快楽を感じにくいから、より新しい刺激がたくさん欲しい。つまり、一人では我慢できない、相手がたくさん欲しい。相手がいても、新しい人に手を出したいという傾向が強くなります。

この7の人がくせ者というのは、ほかのデータでも示されていまして、一夜限りの性経験があるかどうか、浮気をしたことがあるかどうか、浮気をした人数がどうかを比較すると、7回リピート型を持っている人のほうが、有意にその割合が高いということが分かります。

これを世界各国でどれぐらい持っている人がいるのかなというのを調べた中から、日本人に関するところと、ヨーロッパ人、ヨーロッパからアメリカに移民した人について、その数値を調べてみると、日本人ではだいたい0%から1%。100人に1人ぐらいです。この教室の中でいうと、この教室は100人ぐらいですから、この教室の中に1人ぐらいということになりますよね。ヨーロッパ人はどうかというと、15%前後から20%を超えるところもある。つまり、異性に対して目移りする人がそれだけ多そうだということになります。フィンランドだけやや割合が低いのですけれど、フィンランドはもともと古くはアジア人の遺伝子なので、ほかのヨーロッパの国とはやや違うということがあるのかもしれません。実は、アメリカに移民したヨーロッパ人が、一番浮気傾向が高いということなのですが、実際はどうでしょうか。データではそういうふうになっています。

「美人スイッチ」の脳科学

では、最後の問題にいきましょう。熟女好きが増えている。丸かバツか。これ実は、丸なのです。データからは丸と推測されるという意味ですね。さっきも言った前頭前野眼窩部、ここが顔の好みを判定するところです。美人スイッチともいえます。美人を見ると活動する部分というのがあります。正確に言うと、美人だなと思ったときに、眼窩前頭前皮質の真ん中辺が活動するのですけれども、そうでもないなという人の写真を見たときには、眼窩前頭前皮質の端っこが活動します。しかしながら、そうでもないなという人の写真でも、その人が笑顔になっている写真だと、真ん中が活動することが分かっています。ですので、イケメン、美人ではないなあという自覚がもしあったとしてもあまり悲観する必要はなくて、笑顔を練習しておけば取りあえず何とかなるよ、といううれしい実験でもあります。

ここ、眼窩前頭前皮質、もう一つ特徴がありまして、自分を守ってくれる人、自分がこの人といると心地よいという人に反応する。つまり、これは何かというと、お母さんなのですね。お母さんの顔に反応します。生まれたときの母親の年齢によって、好みの顔が変わります。

母親が30歳を過ぎてから生まれた子どもは、ほうれい線と呼ばれるものがありますね。これがある顔を好むようになると。実際の実験では、ちゃんとシワをつくった顔にしてあるのですけれども、そんな顔を好むようになると。

ところで、第1子出生時の母親の平均年齢を見てみると、初めての子どもを産むお母さんの年齢というのがすごく上がってきています。2011年時点で、平均が30歳を超えたのが衝撃的であるということで、ちょっとニュースになりましたけれども。30歳を超えていると、その子どもは、ほうれい線のある顔を好むようになるのです。つまり、熟女好きが増えているのではないかということが、間接的にデータからは推測できるのですね。

あとは、母親の年齢が高いほど、子どもの知能指数が高いというデータもあります。これは余談ですが、ロンドン大学の、バークベック・カレッジの調査ですが、40歳以上の母親が出産した子どもについては、事故に遭ったりとか、そういうリスクが少ないですよということ。それから、本好きの子どもが多いですとか、IQが高い子どもが多いですよという。その理由としては、母親の年齢が高いほうが、人生経験も豊富で、感情のコントロールもできているので、若い母親よりも、衝動的にまずいことをしてしまう可能性が低いために、それが、子どもの知能指数の高さに影響しているのではないかといわれています。

しかし、デメリットもあります。40代で出産した場合には、子どもが自閉症と診断されるリスクが、20代で出産したものの2倍になりますということです。

それでは男性の年齢は子どもにどう関わってくるかというと、20歳の父親と、50歳の父親で子どものＩＱがどれくらい違うかという調査もあるのですね。そうすると、若い父親のほうが、実は子どものＩＱが高いですというデータもあって、子どもをつくるのは、男性は早いうちがいい、女性は遅いほうがいいということになります。

美人、笑顔の人に会うと、意欲の向上が起きます。やる気スイッチが入りますよというお話です。笑顔でいることが、周りの人のやる気を出させたり、自分もその報酬を受け取ることができるので、よりお得ですよということが、脳科学からは言えます。

今日、8問やりましたけど、全部合っていた人はいますか。ちょっと難しいところもありましたね。

今日のまとめ。脳についての誤った常識について知ってもらうという講義でした。脳の性質には生まれつきの個人差があります。代表的なものとしては運動野とか。あとは、民族間の差というのもある程度はあります。頑固であるとか、新奇探索性が高い、低いとか。日本の文化といわれるものも、実は遺伝的に規定される部分もあるんですよということ。最後に、自分の脳や他人の脳も、笑顔ですとか振る舞いですとか、そういうものである程度、コントロールできる部分があります。もっと本当は、いろいろ錯覚とか、洗脳まではいかないけれども、うまく相手のやる気を引き出したり、望ましくないことを防ぐことができるのですが、今回は、本当に初歩の初歩について、お話ししました。今回の講義が皆さんの生活に役立つといいなと思います。

（二〇一四年十月十八日「人間力育成講座」にて）

人間力とは何か

共に生きる力

片岡 龍

⦿片岡　龍（かたおか・りゅう）
1965年生まれ。早稲田大学大学院文学研究科を経て、東北大学大学院文学研究科准教授。東日本国際大学客員教授。
著書に『日本思想史ハンドブック』（苅部直・片岡龍編、新書館）、『近代儒学研究の方法と課題』（土田健次郎編、汲古書院）などがある。

お天気雨

皆さん、こんにちは。今日はちょっと不思議な天気ですよね、風が強くて。いまここでは雨は降ってないみたいですが、郡山市から高速バスで、山を越えて来る間、お天気雨、いわゆる狐の嫁入りでした。

私は景色を見るのが好きなので、いつも一番前に座るのですね。そうすると、前は明るく晴れているのだけど、ときどきパラパラと雨粒がフロントガラスにぶつかる。それでまたぱっと日が照るという、ちょっと不思議な天気でした。

わたしは天気のなかで、このお天気雨というのがいちばん好きなのです。曇りや雨が毎日続くとうんざりしますよね。じゃあ、毎日晴れならいいかといえば、そうでもない。変化がなければ、やはり飽きるのですね。それに対してお天気雨というのは、何か地球が生きているというか、地球の大気が動いている、そういう感じがします。

これを人間の心の状態にたとえてみると、うれしいのに涙が出てくる。あるいは、悲しくて涙が出るのだけど、どこか気持ちがすっきりしている、という時がありますよね。お天気雨と同じように、わたしたちの心も生き生きとつねに動いて、変化しているのです。

今日のわたしの話は、人間にとってお天気雨のような心のあり方が大切だという話です。お天気雨のような心とは、心がつねに動いている、つまり感動しやすい状態にあるということです。わたしは人間にとって――人間とは、個人のことだけでなく、字のごとく、人と人の間、つながりもふくめてですが――、この感動するということが、いちばん大事なことだと思うのです。感動しなければ、人は変わらないし、成長しません。自分だけでなく、世界も変わらないのです。

ハイハイの感動

みなさんも、子どもが生まれたら、きっと分かると思うのですが、赤ん坊の成長する力というのは、ほんとうにものすごいですね。

はじめは、お母さんのおっぱいをもらうだけですが、もらうだけといっても、もう、ほんとうに一生懸命、お母さんの乳首にしゃぶりつきます。

それから、すこしたつと、ハイハイができるようになります。誰が命令したわけでもないのに、一人でハイハイしようとするのです。

最初は、ちゃんと前に進めなかったり、うまくいかないのですが、なんどもなんどもチャレンジしているうちに、ある日、ふっと、上手にハイハイできるようになります。

そうしたら、それを見ている周りの者は、やはりすごくうれしいのですね。放っておいても、子どもがいつかハイハイするようになるのは、考えてみれば、あたりまえのことなのですが、それでも、やっぱりうれしいのです。ですから、「わー、すごい、○○ちゃん」と、心から、自分のことのように、喜ぶ。

そうすると、赤ん坊もやっぱり喜ぶのです。他人が喜ぶことが、赤ん坊にとっても、やっぱりうれしいことらしいんですね。だから、何度も何度も、ハイハイを繰り返して、周りの者を喜ばせてくれます。

その場には、やはり感動があります。喜ぶ、うれしいというのも、感動の一種です。この感動が、ハイハイの次はつかまり立ち、その次はひとり歩き、というように、成長を導いていくのです。

成長するから感動するのか、感動するから成長するのか、この関係は、ニワトリとタマゴのようなもので、どっちが先とは言いにくいところがありますが、それはともかく、この成長と感動の連鎖には、すごく新鮮な感じがあるのですね。

すべてのものが、はじめてのことで、最初はとても難しいことなのだけど、失敗を恐れず、果敢にチャレンジして、できるようになる。そうすると、世界がまた一つ広がって、新たな世界が現れる。生き生きする、というのは、そういうことだと思うのです。

既製品の感動ではなく、共に生み出す感動を

だけど、だんだん年をとると、歩くのもあたりまえ、ご飯を自分で食べるのもあたりまえ、すべて慣れっこになってしまい、世界が新鮮さを失っていきます。

新たなことも、ちょっとした失敗で、あきらめるようになったり、いまさらやってみてもしょうがないと勝手に決めて、新たな世界に入っていこうとしなくなる。

そうすると、当然そこには成長もないし、感動もない。だいたいふつうの大人は、そうした世界で暮らしています。だから、感動も、自分から他人との間に感動を生み出そうとするのでなく、すでに出来上がった、他人がつくった、既製品の感動をもらおうとするようになるのですね。

だから映画を見て感動しても、音楽を聴いて感動しても、そういった商品化された感動なら、その場では感動しても、すぐに忘れてしまい、自分自身の、また自分と関わる他人の、つまりお互いの成長には、つながっていきません。ほんとうの感動じゃないからです。

心配なのは、最近は若い人たちも、そうした世界にだんだん取り込まれているのではないかと、見える点です。しかし、こちらのみなさんはそうではないですね。

わたしは、震災の年から、毎年1回ここに来させていただいているんですが、来ると、ほんとうに、生き生きとしてくるのです。特に孔子祭のときの、吹奏楽部の演奏に、いつも大きな感動をもらっています。その感動は、決して既製品の感動ではありません。みなさんが、一生懸命成長しようとされている姿、それが教える側の喜びとなり、教える側の喜びがまた学ぶ側の喜びになって、そうした感動のスパイラル（上昇する渦巻き）が、教える側も学ぶ側も、ともに成長する渦巻きとなる。

別に、吹奏楽部の人だけのことを言っているのではありません。ここにいらっしゃるみなさんすべてが、そうした上昇気流の中にいる幸福感が、吹奏楽の演奏を通して、伝わってきたということです。

さて、今日のわたしの話のテーマである「共に生きる力」ということは、実はいまの話で尽きる、といってもいいのです。

感動し、成長するということは、個人的なこと、自分一人のことじゃありません。感動とは、かならず自分と、自分に関わる他人との間に生まれるものです。自分の心の中だけの問題じゃないのですね。自分と他人の間に働くもの、響き合うものなのです。

成長というのも、同じことです。教師や親が指導して、子どもが成長するといった一方的な関係じゃありません。子どもが成長することで、教師も成長する、親が成長することで、子どももさらに成長する、そういった双方向的な、相乗効果的な関係なのです。

だから、感動も成長も、「共に」という関係の中ではじめて、あることなのです。そして、「生きる力」というのは、この感動と成長以外のなにものでもないのです。

避難所に入るまで

東日本大震災のときの、わたし自身の話をします。

わたしが住んでいる仙台の街の中の方は、あまり大きな被害はなかったのですが、だからこそ、沿岸の被災地に行ってみなくてはと思いました。

はじめ、あの津波の爪痕、人が誰もいない、まだ水も完全に引かない、瓦礫《がれき》の荒野を見たときは、世界の終わりの光景のように感じられました。正直言うと、世界の終わりといった安易な言葉ではとうてい語れない、「言葉が出ない」というのが本当のところでした。

わたしは文学部にいるので、いってみれば、ことばの専門家と自称してもよいと思いますが、そうした人間が、言葉が全く出てこない、いかに自分がこれまで勉強してきたことが、役に立たないか、そうした無力感にとらわれました。

そのため、被災地に行っても、そこにいる人に、どういう声をかけたらよいのか分からず、しばらくは、ただ人のいない被災の光景を見てまわるだけという期間が、何日間か続きました。

しかし、やはり避難所に入って、そこにいる人たちが、何を求めているのか、声はかけられなくても、話を「聞く」ということはできる、少なくとも体を動かすことはできると思って、思い切って、ある避難所を訪れたのですね。

恥ずかしい話ですが、はじめはなかなか勇気が出ず、自転車で避難所の前を行ったり来たり、うろうろしていました。思い切って、避難所に足を踏み入れ、何か自分にもできるお手伝いをしながら、ここに寝泊まりさせてもらえないかと言えたのは、やはりいままでの自分を捨てたからだと思います。

いままでの自分にこだわっていたら、言い訳は、いくらでもつくのです。自分の本業は言葉だ、その言葉も出ない人間が、避難所に入っても、ろくな仕事もできるはずもないのだから、かえって迷惑をかけるだけだろうとか、新たな世界に飛び込もうとしないための言い訳は、いくらでも出てくるのですね。だから、勇気というものの本質は、いままでの自分、古くなってしまった自分を捨てること、新しい自分に成長しようとすること、つまり未知の世界へ飛び込むことに対する不安を脱ぎ去ることだと思います。

震災は、突然、いままでの自分を古くしました。いままでの自分では、どうにも対処しようがない、これはわたしだけのことではなく、日本中のみんなが、あるいは世界中がそうだったと思います。いままでの自分を否定することは、ものすごく勇気がいることなのですね。いままでの自分を否定するなら、じゃあ、いままでのお前の人生は、結局間違っていたということじゃないか、そう人から言われること、そして自分でそれを認めることというのは、そう簡単なことではないのです。

でも、そうではないのです。いままでの人生が間違っていたというよりは、世界が急に新しくなったのです。災害というのは、人間には厳しいやり方でですが、基本的には世界を突然、無理やり新しくするものと言うこともできます。だから、必ずしも、いままでの自分が全部間違っていたということでもありません。

災害に際しては、みんなが変わる、いままでの自分を捨てて、新たな自分に成長する必要があるのです。それなのに、被災地以外の世の中の多くの人は、時間がたつと、まるで震災がなかったかのように、震災以前の生き方や考え方を、バージョンアップしようとしません。わたしは、それが大変残念で、かわいそうにさえ思います。

というのは、人間が危機に瀕するというのは、実は人間が新たな世界に適応するために、自分を新たにする、成長する、つまり生き生きと生きることができるための、大きなチャンスなのですね。わたし自身は、そのことを避難所に入って、体感しました。そのことを、少しお話しさせていただきます。

90歳のおばあさんの「成長」

わたしは、津波が襲った東北の沿岸を、ほぼすべて訪れ、そのうちいくつかの避難所で被災者のみなさんといっしょに過ごさせていただいたのですが、実は被害が大きかった地域の避難所ほど、みんなが明るく、生き生きしていたのです。それは震災前に比べても、はるか

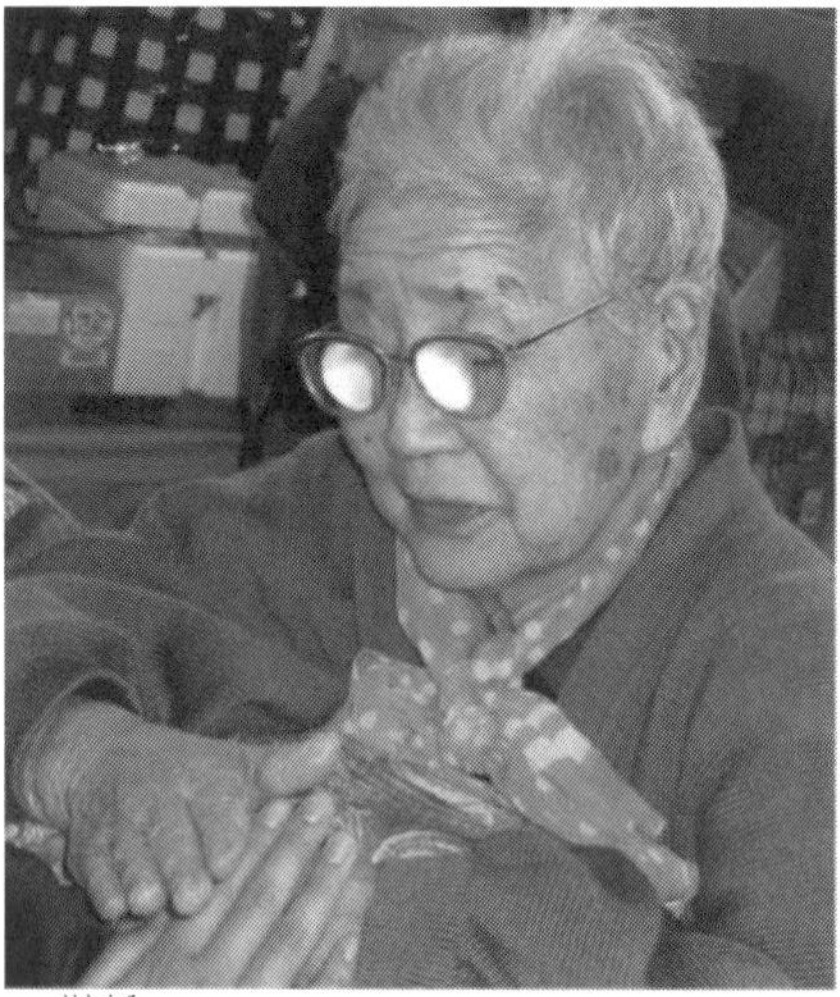

気仙沼・階上《はしかみ》中学校避難所にて（撮影：イ・ビョンヨン）

に生き生きしたものでした。日本はバブル崩壊以降、ずっと暗い、沈滞した感じが続いていましたが、あんなに人々が明るく、生き生きしている姿を見たのは、ほんとに何十年ぶりという感じがしました。

それをもっとも分かりやすい形で体験したのは、気仙沼《けせんぬま》のある避難所です。そこは中学校の体育館で、段ボールの低いしきり程度で区切られた空間の中で、みんなが避難生活をしていたのですが、そこに歩くことのできない90歳のおばあさんがいました。

歩けなくなったのは、実は震災前からで、ふだんは別の場所に住む家族の方が、車で病院の送り迎えなどをされていたようです。気仙沼でも、もう家族も祖父母たちとは別々に暮らすことが多く、また隣近所のつきあいも、いまはほとんどなくなってしまっていたようです。

だから、子どもたちや、若い人たちと接する機会も、日ごろあまりないような生活を送っていたのですが、避難所では、子どもたちは走り回る、ボランティアの若い学生たちも元気よく活躍している。それで段ボールの低い仕切りしかないこともあり、ふだんはあまり話すこともなくなっていた地元の人も、このおばあさんの近くを通りかかると、自然に「ばあちゃん、元気か」とか「早く歩くようにならなきゃ、ダメだべ」とか、自然に一言かけるのです。

本気で、歩けるようにならないといけないと、思っているわけではありません。まあ、挨拶です。みんな自分が生きることで精いっぱいだし、90歳のおばあさんのために、何か意味のあることをやってあげよう、そんな余裕はもちろんないのですね。だけど、顔を見れば、やっぱり声をかけるのです。

挨拶といっても、励ましたいという気持ちが入っています。自分も困っているから、だからこそ、自然に、他人に対する励ましの言葉が出てくるのですね。ほんとうは、おばあさんを励ましているのか、自分を励ましているのか、よく分からないのです。

そんなふうにしているうちに、このおばあさんが、自分から歩く練習をはじめました。それは「自分は人から助けてもらっているばかりで、申し訳ない、自分も他の人を元気にしたいし、歩けるようになって、何か手伝いたい、そう考えて、歩く練習をはじめた」と仰っていました。

そうすると、みんなさらに声をかけるようになるし、子どもたちはおばあさんの手をとって、練習につきあいます。そうこうしているうちに、ついに、このおばあさんは、本当に歩けるようになったのです。いままで、病院に行っていても、歩けるようにならなかった、というか歩こうとも思わなかった方が、変わったのです。

これは悪かった脚が「治った」というよりは、赤ん坊がはじめてハイハイし、一人で歩けるようになるのと同じく、新しい自分に「成長した」、新しい世界を開いたということだと思います。90歳までの自分を古い自分として、捨てることができたわけです。

これはすごい勇気だと思います。人間は、90歳になっても、赤ん坊のように一生懸命生きなければ、成長し続けなければ、いけないのですね。

重たい問題から目を背けないためには？

ここで、みなさんと一緒に、詩を読んでみたいと思います。

「生きることについて」　　ナジム・ヒクメット

1
生きることは笑いごとではない
あなたは大真面目《まじめ》に生きなくてはならない
たとえば生きること以外に何も求めないリスのように
生きることを自分の職業にしなくてはいけない

生きることは笑いごとではない
あなたはそれを大真面目にとらえなくてはならない

大真面目とは
生きることがいちばんリアルで美しいと分かっているくせに
他人のために死ねるくらいの
顔を見たことのない人のためにさえ死ねるくらいの
深い真面目さのことだ

真面目に生きるとはこういうことだ

たとえば人は七十歳になってもオリーブの苗を植える
しかもそれは　子どもたちのためでもない

つまりは死を恐れようが信じまいが
生きることの方が重大だからだ

2

この地球はやがて冷たくなる
星々の中のひとつでしかも最も小さい星　地球
青いビロードの上に光り輝く一粒の塵《ちり》
それがつまり
われらの偉大なる星　地球だ

この地球はいつの日か冷たくなる

氷塊のようにではなく
ましてや死んだ雲のようにでもなく
クルミの殻のようにコロコロと転がるだろう
漆黒の宇宙空間へ

そのことをいま　嘆かなくてはならない
その悲しみをいま　感じなくてはいけない
あなたが「自分は生きた」と言うつもりなら
このくらい世界は愛されなくてはいけない

この詩は、実は『チェルノブイリ・ハート』という映画の冒頭に流れる詩です。この映画は、チェルノブイリの原発事故の数年後から、その地域の子どもたちの体に、障害が現れ始める、そのことを現地の病院などに入って取材したドキュメンタリーです。

ハートというのは、心臓のことですね。心臓に重大な障害をもった赤ん坊が生まれるようになる、その割合が、チェルノブイリ前に比べて、明らかに高くなっているのです。

もちろん、そうした子どもは、長く生きることはできません。せっかく、この世に、生まれてきたのに、多くはずっと病院の中で、あるいは施設の中で、何年か生きて、そして死んでいくのですね。その様子を、淡々と映している。ある意味、絶望的な内容の映画です。

この映画を、学生たちに見せたことがありました。そして、感想を聞いてみました。ある学生の反応は、「見て、すごくショックを受けた。とても重たい問題で、何を言ったらいいか分からない。自分たちに何かできるような簡単な問題ではないし、あまりに重すぎる」というものでした。

わたしは、それを聞いて、こう答えました。「どんな問題でも、本気で自分からなんとかしたいと思うなら、すべて難しいことです。この世に簡単なことは、一つもない。試験で正しい解答を書くようなことは、本当の問題ではなくて、たんなる『要領』だ。学校社会のなかで、上手に泳いできたみなさんは、『要領』を得ることに慣れてしまって、本当の『問題』に、自分自身の『課題』に、まだぶつかったことがない。だから、チェルノブイリの問題を、すぐには良い答えが出ないからといって、自分には出番がないと思ってしまうのではないか」。

こう答えたのですが、このことがずっと心に残っていて、やはり、後から考えてみると、やはり、そのとき、学生が言ったことに対して、もっと他の答え方があった、と思うようになりました。

この映画を見せただけで、重たい問題を突きつけただけで終わっては、やはり駄目だと思うのです。この重たい問題を、なんとか解こうと奮闘している大人の姿、それを見せない限りは、子どもたちは結局、重たい問題から目を背けます。重すぎる問題を、忘れようと、努力するのですね。

子どもは大人のマネをする

それは、それで自然なことだと、わたしは思います。赤ん坊はハイハイから、一挙に「ひとり歩き」はできないのです。ハイハイの次は、かならず「つかまり立ち」、それから「ひとり歩き」というように、一歩一歩、一つずつ、新たな課題を克服しながら、成長していきます。こうやって成長してきた子どもたちが、学校に入ると、ただ「要領」を得て、この社会のコースに乗ることが大事だと思うようになって、だんだんと、新たな課題、本当の「問題」を克服して成長するという、積み重ねがされなくなってきます。

なぜ、そうなるのでしょうか？

子どもは、大人のまねをするからだと思います。

赤ん坊を見ていると、よく分かりますが、赤ん坊の一歩一歩の成長は、すべて大人のまねから始まるのですね。子どもにご飯を食べさせようと、スプーンを口元にもっていくと、必ずそのスプーンを自分の手に奪おうとして、結局ご飯はこぼれるのですけど、赤ん坊も、大人がやるように、一人でスプーンを使って食べたいのですね。

赤ん坊の、ほんのちょっとした動作に、親はびっくりすることがあります。たとえば、赤ん坊が、こうやって指で何かを指すような動作をします。赤ん坊がすると、かわいらしいのですが、よく考えてみると、その親自身が、話すときに、人を指さしながら話すクセがある。

人を指さすのは、あまりよいクセではありませんから、そこであわてて、親は自分のそのクセを直そうと思う。こんなことがしょっちゅうあります。それくらい、赤ん坊は大人のまねをしながら、育っているのです。

学校に入ると、子どもたちがたんに「要領」を得ることが大事だと思うようになるのは、大人たちが、そうやって生きているからではないでしょうか。子どもはそのまねをしているだけなのです。しかし、このまねは、決して成長には結びつきません。それは、たんなる惰性だからです。こうやってたんなる惰性で生きている大人が、子どもに影響し、その子どもが大人になると、またその子どもはその大人のまねをする、こうやってどんどん成長がストップしてしまうような悪循環の連鎖を断ち切るのは、なかなか大変なことです。

ですから、自然な成長の段階から見ると無理があるような大きな課題、本当の意味での課題を突きつけるようなことも、ときには必要です。先に、災害は日常の世界を突然古いものにし、新しい世界に人々が生まれ変わることを要求するといったのも、同じことです。

ですから、チェルノブイリの映画を見せること自体に、問題があるのではない。それは、災害を直接体験しなかった人間が、それを追体験する機会です。追体験するというのは、人間にとってとても大事なことです。

読書が大事だというのは、この追体験ができるからです。自分が直接体験できることは限られています。もしも、いまいったような、人間の成長を阻害する悪循環の連鎖する環境の中で、わたしたちが生きているのであれば、たいした体験はできません。自分の住んでいる環境以外に、世界ははるかに広く多様で、わたしたちには思いもつかないような、様々な、しかしどんな人間にとっても大切な体験がたくさんあるのですね。

ただ、大事なのは、そうした体験を子どもに追体験させるだけでなく、それとともに、大人が、たとえばチェルノブイリのような体験を、必死に乗り越えて、成長しようと格闘している姿を、同時に示すことだと思います。

そして、この『チェルノブイリ・ハート』という映画には、はじめに流れる、この詩を通して、そうした大人たちの姿を示そうとしているのです。ですから、わたしは、この映画に対する学生の感想を聞いたときに、この詩がもつメッセージについて、きちんと話をすべきでした。

問いかけ① ～人はなんのために生きるのか？

この詩の発するメッセージの受けとめ方は、人によって色々あると思いますが、わたし自身はこう考える、ということで聞いてください。

わたしは、この詩には、二つの大きな問いかけがあると思います。一つは、人はなんのために生きるのか、という問いです。それがもっともよく表れているのは、第一節の終わりのほうの、「人は七十歳になってもオリーブの苗を植える／しかもそれは子どもたちのためでもない」という部分です。

「オリーブ」といっても、ふだんわたしたちが目にするのは、瓶詰めになったものや、パスタの上にのっているものくらいなので、ピンときにくいのですが、実はオリーブという樹は、苗を植えて10～15年くらい後になって、はじめて大きな収穫をもたらすらしいのです。そうした特性から、エジプトで土地の所有のあり方が変化したり、キリスト教の発展にも深い影響を及ぼすなど、地中海世界や中近東地域では、社会の変化をも生み出す木として、生命の豊かさや、平和、光といったシンボルになりました。

それはともかく、70歳になって苗を植えても、それが収穫をもたらすようになるのは、10～15年後ですから、80歳、85歳、――いまの日本は平均年齢が高くなったので、これもピンときにくいかも知れませんが――、いまの日本にあわせて言えば、「人は90歳になってもオリーブの苗を植える」といえば、分かりやすいかもしれませんね。つまり、それが収穫をもたらすときには、もう自分はこの世にはいないのです。

じゃあ、なんのために苗を植えるのか？　ふつうに考えれば、子どもたちのためです。でも、そうではないと、この詩は言うのです。

なぜでしょうか？

このことは、さっき話した気仙沼のおばあさんのことを考えると、分かりやすいのではないかと思います。そのおばさんは90歳になっても、赤ん坊のように、自分で歩こうとしたのですね。歩けるようになったからといって、それが子どもたちに直接なにか役に立つというわけでもないのです。

では、おばあさんは、なぜ歩く練習を始めたのでしょう？

それが「生きる」ということだからです。「真面目に生きる」ということだからです。「真面目に生きる」ために、赤ん坊のように一生懸命生きるために、おばあさんは自分自身のために、歩こうとしたのだと、わたしは思います。

では、それは100％、自分のためだけのことでしょうか？「子どもたちのため」では、決してないのでしょうか？

詩にはそう書いてあるように見えますが、これは読む人に、ハッと問題を突きつけるための強調です。ですから、その前の部分では、「大真面目とは生きることが、いちばん大事だと分かっているのに、他人のために死ねるくらいの深い真面目さのこと」だと、いわれているのです。「顔を見たこともない人」というのは、自分が死んだ後の世代のこどもたちも含まれます。

気仙沼のおばあさんも、なぜ歩く練習を始めたのかと聞かれたときに、「みんなを元気にしたい」と答えていました。本当にみんなそれで元気になったのです。そうして、そうやって元気をもらった中の一人であるわたしが、こうやってみなさんに、いまこのおばあさんの話をしているということは、やっぱり、「顔を見たこともない人」を励ますために、このおばあさんも歩こうとしたということになるのではないでしょうか。

90歳になって、脚の病気を無理して歩くことは、ほんとうは体にはよくないことかもしれないのです。病院に通っても治らなかったのは、近代的な医学の考え方では、歩けるようにすることが、かならずしも長生きすることではないという判断だったのかもしれません。その意味では、このおばあさんの行為は、やはり「他人のために死ぬくらいの深い真面目さ」と言えるのではないでしょうか。

自分が「真面目に生きる」ことは、同時に「他人のために死ぬ」ことでもあるというような、一見、矛盾に見えるような、極端な対立的な形で表れることもあるのです。でも、ほんとうは対立しているのではありません。人はかならず個人ではなく、他人と「共に」ある、自分と他人は、切っても切り離せないくらい深く結びついていて、他人がいなければ、自分はいない、自分がいなければ、やはり他人もいないのです。

「人」という字の成り立ちがそうですよね。「人間」という語もそうです。人々の間、人々が共にする世界というのが、本来の意味です。だから、「共に生きる力」という、わたしの今日の話のテーマは、この講座の名前である「人間力」を、ただ言い換えたにすぎません。

ただ「人間」というと、今では一般に個人のことを考えますから、人間とは「共に生きる」存在だということを、はっきりさせるために、言い換えただけのことです。

こちらの大学は儒教を建学精神にしているということなので、『論語』を使って言うと、『論語』で、いちばん大事なことばは、「仁」です。この「仁」という字も、人が二人いる、この二人は、自分と他人で、その間に働くのが「仁」という同情心、人の痛みを、自分の痛みのように感じる「心」なのです。

「心」というから、自分の中にあるように感じますが、これは日本語の問題です。日本語では、「こころ」とか「たましい」というのは、何かボールのような丸いものが、胸の中にあるように思ってしまいますが、文化が違うと、同じ心といってもイメージが違うのですね。だいたい、アジアでは自分と他人の間に働く波動エネルギーのようなものを、「こころ」と言っています。ですので、日本語では、むしろ「こころ」というより「命」といったほうが分かりやすいかもしれません。「仁」というのは、自分と他人の間に生まれる「命」の働きなのです。

人はなんのために、70歳になってもオリーブの苗を植えるのか？　ここまでの話で、なんとなく分かっていただけたのではないかと思います。わたしの言い方で言えば、それは人間が真面目に生きるためであり、真面目に生きるとは、生きとし生けるもの、すべての間に働いている「命」の営みに参与することだからです。

問いかけ②　~死にどう向きあうべきか?

さて、この詩のもう一つの問いかけは、人間は必ず死ぬということに対して、どう向き合うべきか、という問いです。

死が怖くないという人は、なかなかいないですよね。わたしも、そうです。やっぱり死ぬのは怖いです。死の恐怖を克服できる人は、ほんとうに、ごく少ないと思います。

さっきまで、人間とは共に生きる存在だということを話してきましたが、実は、そんな話を聞いても、人間なかなかそうならないのですね。人間は個人的な存在だという考え方は、そう簡単には変わらないのです。

たとえば、自分と相手と、どちらか一人が必ず死ななければ、もう一方が生きられないというときに、すすんで相手を生かすために、自分を殺すことのできる人がどれくらいいるでしょうか? こういうギリギリの場面になると、たいていの人間は、自分を選びます。結局、そうしたギリギリの局面の積み重ねで、この社会は、個人主義の世の中になっています。この仕組みは、そう簡単には変わりません。

その根本に、人間は一人で死んでいく、という厳然たる事実があるからです。いくら、人間は「共に生きる」存在だといっても、死ぬときは一人なのです。だから「共に生きる」ことが大事だと、いくら頭では分かっても、結局、自分一人のことを考えてしまうのです。

では、死ぬのが怖いのは、なぜでしょうか？

これまで自分が体験したことがないような苦痛、激痛に襲われるのではないか、それが怖いというのが、多くの人の答えだと思います。安楽死やポックリ死を求めるというのは、やはりそうした痛みによる恐怖を避けたいからです。

しかし、よく考えてみてください。たとえばがんの末期症状の激痛に苦しんでいる患者さんが、よく「いっそ殺してほしい」と望みますが、それを考えると、人間は死ぬことよりも、痛みのほうを恐れていると言えないでしょうか？　あるいは死の恐怖という、まだ体験していない、その意味で本当に恐怖なのかどうか分からない、あやふやなものよりも、現実にいままさに体験している、この痛みのほうがリアルだ、ということかもしれません。

そう考えると、本当に死は恐ろしい、人生の中でいちばん恐ろしいものだと言えるでしょうか？　死ぬときは、どんな人間も、必ず一人だ、ということは、本当に怖いことなのでしょうか？

たしかに、赤ん坊は一人にされると、怖がって泣きわめきます。しかし、それは子どもの反応であって、ふつう大人は孤独な時間も大切と考えています。孤独と孤立は違います。孤立とは、他人から切り離されていることですが、孤独とは、他人と誠実につきあうために、まず自分と誠実につきあうことです。心の中で、「自分は本当に真面目に生きているか」、自分がもう一人の自分と真剣に対話することです。ですから、一人だ、ということは、必ずしも怖いことではありません。それは、あとで他人と良い関係を築くための、充電時間です。しかし、死の場合には、永遠に他人とつきあうことができなくなります。ここが、たんなる孤独とは違います。

では、わたしたちは、死というものに対して、どのように向き合えば良いのでしょうか？それが、「生きることについて」という詩の、第二節の主題です。

ここでは、地球の終わりという形で歌われていますが、それはこの地球が「命の星」だからです。個体の命を越えた、生きとし生けるもの、すべてを包む大きな「命」について語られていますが、地球という大きな「命」も、いつか必ず終わる、というのです。

地球の生命は、約35億年以前にはじまったといいます。はじまりがある以上、終わりもあるというのが、ふつうの考え方です。しかし、未来のことは分からないので、ここでは個体の生命に置きかえて読んでおきたいと思います。

第一節の終わりには、「死を恐れようが信じまいが、生きることの方が重大だ」とありました。では、死を恐れるのでもなく、顔を背けるのでもなく、死に、どう対すべきだと言われているでしょうか?

それは、第二節の最後の段落に、はっきりと書かれています。「そのことをいま　嘆かなくてはならない」「その悲しみをいま　感じなくてはいけない」。死を悲しまなければならない、悲しみの感情を動かさなければいけない、悲しみの声を震わせなければいけない、そう言っているのです。

悲しみと、恐れや顔を背けることとは、違います。悲しみとは、心を激しく振るわせることです。心だけでなく、声を震わせ、肩を振るわせることなのです。それに対して、恐れや顔を背けることは、むしろ感情を抑えつけることです、声や体を萎縮させることです。

では、なぜ悲しいのでしょうか?

それは、自分が愛してきた人たち、自分が愛し、愛されてきた、この「命の星」と永遠に別れるからです。だから死を「怖い」のではなく、「悲しい」と感じられるように、わたしたちは、いま全力で、家族や友人、生きとし生けるもの、つまりこの世界を、愛さなくてはならない、そうしてはじめて、「自分は生きた」といえる、と言うのです。

「怖い」と「悲しい」と何が違うのか、たいした違いじゃないと思われるかもしれません。しかし、全然違うのです。「悲しい」という感情も、一つの感動なのです。わたしたちは、悲しい歌も、よく聴きますよね。聴くと、涙が出ます。涙が出るということは、感動しているということです。だけど、怖い歌というのは、あまり聴きません。あるかもしれませんが、感動はしません。人間、本当に怖いときには、涙は出ないのですね。

わたしは、はじめに、感動することによって、人間は変われる、成長することができる、また、成長することが新たな感動を生む、と言いました。そして、この感動と成長の連鎖こそが、人間が「生きる」ということであり、感動と成長は、必ず自分と他人の間、つまり「共に」という関係において存在するものだ、と言いました。つまり、死ぬことが「悲しい」「悲しむことができる」というのは、「共に生きる力」の極限の能力なのですね。そして、この究極の感動によって、人はやはり成長するのです。

生き残るほうの人間が成長するというのは、比較的分かりやすいと思いますが、死んでいく人間も、わたしは、これによって、やっぱり成長するのだと思っています。死んだらどうなるかは、誰にも分からないことなので、これは納得のいく証明ができるようなことではありませんが、わたしはそう感じています。

あえて言えば、命はつながっていますから、形をかえて、子や孫のいのちの一部になったり、あるいは死んだ後の骨が土になって、花や草、鳥や魚の命として働いたり、そうした次の時代の地球の命を、より向上させるということでしょうか。

古い世界を変える責任

死については、ここまでにします。まだ若いみなさんは、死といっても、あまりピンとこないですよね。わたしが言いたかったことは、人は変われる、いや、変わらなければいけない、ということです。

しかし、現実は人も社会もなかなか変われない。その根本には、死の恐怖があるから、自分一人のことしか、あるいは仲間のことしか、自分の国のことしか考えないから、変われません。しかし、それは古い世界です。わたしたちは「一人で生きる」から「共に生きる」に、生き方を、大きくチェンジしなければなりません。

その変わるきっかけは、感動です。その感動の中でも、悲しみの感動がいちばん強いのです。さらに、悲しみの感動の中で、愛する人と永遠に別れる悲しみが、究極の悲しみなのです。悲しみといっても、めそめそ一人で、暗く泣いているような、悲しみのことではないですよ。あえて言えば、優勝した選手たちが、肩を抱き合って泣き、泣いた後はほんとうに純粋な朗らかな顔になるような感動のことです。

それは、負けてもいいのです。ここまで自分たちは努力した、よくやった、自分たちだけでない、相手のチームもほんとうによく頑張った、敵と味方が共に涙するような、そういう感動です。

本当に悲しむためには、一生懸命、「共に」生きなければいけません。これが今日、わたしがみなさんにお話ししたかったことです。

最後に、こちらの大学に、人間の成長に欠かせない、感動の場があるのは、わたしは、その根本に、震災体験があると思います。震災は、地球が無理やりにわたしたちを成長させてくれるものだと言いました。地球から、そうした成長の力をもらったみなさんは、今度はその恩返しとして、地球の他の命たちを成長させる役目があると思います。この大学のみなさん一人一人の働きが、いずれ、この古い世界を大きく変えてくれることを願って、わたしの拙《つたな》い講演の結びとさせていただきます。

（二〇一四年十一月十五日「人間力育成講座」にて）

人間力とは何か

勝者の思考法

二宮清純

⦿二宮清純（にのみや・せいじゅん）
1960年生まれ。日本大学商学部卒業。スポーツ紙や流通紙の記者を経て、フリーのスポーツジャーナリストとして独立。テレビのスポーツ解説などで活躍中。
著書に『スポーツ名勝負物語』（講談社現代新書）、『勝者の思考法』（PHP新書）、『対論・勝利学』（第三文明社）、『最強の広島カープ論』（廣済堂新書）などがある。

「成長」から「成熟」、「効率」から「快適」へ

皆さまこんにちは。本日はお招きいただきまして、本当にありがとうございました。これから、2時20分までということですから、2時10分とか15分ぐらいまでお話しさせていただきまして、残りで質問等ございましたら挙手をしていただく、そんな段取りで進めさせていただきたいと思っております。

さて、2020年東京オリンピック・パラリンピックに名乗りを上げたのは、東京とマドリードとイスタンブール、この3都市でした。

では、東京はオリンピック・パラリンピックを開催するにあたり、何を訴えるべきだったか。それをちょっと皆さんと一緒に考えていきましょう。東京は、本当はこういうことをやるのだと。なぜ2回目なのという答えはこれです。これは、半分個人的な意見も入っておりますが、1964年東京オリンピックと2020年東京オリンピックには大きな違いがあります。1964年の東京オリンピックは、学生さんは当然生まれていませんが、こちらのほうは生まれている方がいるかもしれません。

1964年東京オリンピックをご存じの方、手を挙げていただけますか。思い切り年齢が分かりますけど、学生の皆さんはお父さんとかお母さんに聞いてください。私はまだ保育園児ぐらいですか、アベベとかチャスラフスカぐらいしか覚えていないのですけど、1964年の東京オリンピック、キーワードがありました。キーワードは何か。「成長」でした。

1964年の東京オリンピックというのは、高度成長期の後半です。このときも実は、戦後復興というのがテーマだったのです。東京オリンピックをきっかけに、日本はさらに発展を遂げました。

さて、皆さんにクイズを出しましょう。1964年東京オリンピック。高齢化率、65歳以上の人口。1964年の高齢化率が何%だったか分かる人は手を挙げてください。だいたいでもいいですよ。65歳以上の人口のことを高齢化率といいます。何%だったか。どうぞ。試験じゃないですから、クイズですからね。べつに外れてもしかられませんから。何%ぐらいだと思いますか。あてずっぽうでもいいですよ。高校生でもいいですよ、分かったら。20%、もうちょっと低いかもしれないね。はい、どうぞ。大学生の方言ってください。7%。まあ正解にしましょう。だいたい6%ですよ。正解ですから拍手をお願いします。

つまり老人は、100人のうち6人しかいなかったのです。分かりやすくいえば、

1964年は日本全体が青春だったのです。ところがもう、このコンセプトは、次は使えません。2020年は、成長というカードはもう使えません。次は何か。「成熟」です。成熟都市東京、成熟国家日本。これを見せるしかありません。その根拠が高齢化率であります。2020年の東京大会の高齢化率は、データによって若干の違いはありますが、だいたい30パーセント前後です。つまり、3分の1がお年寄りなのですよ。3分の1です。ということはもう成長、伸びゆく東京、発展する日本ではない。やはりその、住みやすいまちづくり、日本ってやはり住みやすいね、生活しやすいね。そういう都市モデルというのを構築すべきではないか。提案すべきではないかというふうに僕は思うのです。

1964年のころ、一番、新聞がもてはやした言葉があります。これは『日本経済新聞』に出ていたのですけれども、1964年の、この国が美徳とした言葉は何だったか。「効率」だったんですね。これがすべてのキーワードに勝る、誰もがそのとおりだよねと反対できない、会社とか工場とかにも「効率」という紙が貼ってあったわけですね。効率よく働こうと。とにかく物事は効率よくやろうじゃないか。こういう時代だったんですね。もちろん今でも、効率が悪いよりいいほうがいいに決まっています。でも、もう効率だけで、すべてが語れる時代ではなくなりました。

２０２０年は何か。「快適」です。何でもかんでも早くすればいいと。これは完全なパラダイムシフトです。効率のいい社会から快適な社会を目指そうというふうに変わっています。これはまさに、この高齢化率というものがその背景にはあるのだろうというふうに私は思っています。

課題先進国としての日本

そして、それには、より大事になってくるのが、パラリンピックなのです。これはメディアの責任もあります。私たちの責任もひょっとしたらあるでしょう。東京オリンピックといいますが、オリンピック・パラリンピックの招致に東京は成功したのです。まさに6％から30％、高齢化率が高まるわけですね。高齢者と障がい者というのは非常に親和性があります。やはり年をとると、足腰が弱くなる方がいます。視力の弱くなる方もいます。そうであるならば、せっかくオリンピック・パラリンピックが来るのだったら、この機会に、まちのバリアフリーをやろうじゃないかと。高齢化というのは東京だけの問題ではありません。日本だけの問題でもありません。これ、先進国、先進都市がすべてが抱えている問題です。分かりやすく言うならば、東京と日本は課題先進都市、課題先進国なのです。

だったら先に、日本は、東京は、この問題を解決してみせますよと。ソリューションを提案しますと。これをやって初めて価値が出るんですよ。先にやったるぞと。東京と日本は課題先進都市、先進国だから、その問題を先に解いてみせるよと、世界よ、東京を見てくれ、日本を見てくれと、このくらいの気構えがないと駄目でしょう。それを僕たちはこれから提案していきたい。そしてそれを皆さまにもぜひご理解いただいて、そういう運動を起こしたいと思っています。

準備力が勝負を決める

話は変わり、勝負については準備力が大切です。プロ野球の世界で、この準備力がすごかったという人を一人ご紹介します。野村克也さん。この人はすごかったですね。「わしの野球は準備力だ」と言っていました。

野村野球はＩＤ野球です。普通の監督さんは、ストライクゾーンを３×３で９分割する。これは普通の監督さん。真ん中ストライクゾーン、インコース、アウトコース。野村さんは違います。あの人はやたら細かい。9×9、81分割するんです。さらに説明します。5×5これがストライクゾーン。それ以外はボールゾーン。1球ごとに指定する。野村配球理論に従えば、スポットは81カ所あります。ど真ん中のストライク。インコースのブラッシュボール。これはあまり使いませんけど、腰を引かせ、勝負するなということです。81のスポットがあります。ストレート。カーブ。スライダー。シュート。フォークボール。

ピッチャーは大体5種類のボールを持っています。ダルビッシュは12種類持っているそうです。普通のピッチャーは大体5種類。つまり1球に対して、405通りの配球があると言うことです。ピッチャーは、大抵130球投げます。先発完投。リリーフを使ってもそのくらいの球数です。配球は、405の130乗ということです。単純計算です。どのくらいになるか、私も分かりません。野村さんが言うように、配球は天文学的な数字というのは間違いありません。そのうちベストを選択しろ。これは野村野球です。私は配球の連結決算と呼んでいます。こんなに細かい野球をする人は見たことがない。

さて、この野村野球のハイライトシーン。1997年のペナントレースです。本命は巨人でした。巨人は四番バッターばかりでした。清原。石井。少し前にヤクルトから取った広沢、ハウエル。広島から川口という左ピッチャー。全部取っていった。清原など四番バッターばかりですよ。しかも、投手陣は川口だけでなく、桑田など巨大戦力ですよ。開幕前の予想は、優勝はほとんど巨人でした。最下位は、野村ヤクルトでした。ヤクルトは選手をとられる一方です。この格差はいかんともしがたい。いくら野村が優れていても、今年は無理だろうということです。でも、「アッハッハッハッ、うちの優勝だ」と言っていましたね。野村監督は何を考えているのかと思いました。この話は眉に唾つけて聞いていましたよ。「開幕がすべてだ。開幕は135分の1ではない。135分の135だ。ここを潰す。間違いなく勝てる」。何を考えているのかと思いました。「開幕がすべてだ。ここで斎藤を潰す」と断言したんです。

さてキャンプが始まった。野村さんは現場に出てこないんです。普通バックネットの裏にいます。探してもいない。どこにいるか聞いたら部屋に籠っていると言うんです。

要するに、百人の先発投手の斎藤とヤクルトについて過去の対戦成績を調べている。スコアブックを読み込んでいる。それで、斎藤の弱点を見つけた、と言うんです。「斎藤はワンスリーのカウントになるとな、左の強打者に対して、チョロッと曲げるカーブを投げる。これを見ろ」と。斎藤は、打者心理の逆をつきます。外からチョロッと曲がるカーブを投げる。ワンスリーというカウントは打者有利だから左の強打者は、真ん中から内側にヤマを張っている。外からチョロッと曲がってくるカーブには、あまり手を出さない。長打になりにくいことに加え、曲がりきらなかったらボール球ですから。これでツースリー。強打者が一番恐れるのは見逃しの三振なんです。だから追い詰められたら、バッターは手を出す。斎藤もそれを分かっているんです。それでボールを落とすんです。ボール球をヒットにするのは容易ではない。引っかけます。セカンドゴロ、サードゴロ。斎藤をわざとツースリーのカウントにする。後はボール球。普通は左バッターに対して苦手なんです。左バッターを苦にしないというのは、こうした配球のメカニズムに秘密があったんです。さすが野村さんですよ。それを見破った。

「わしの言うことを聞け」と小早川に野村さんが言う。「ワンスリーからのカーブを待て。それだけで良い。それで行け」これを小早川に徹底させた。

指示は1つで良い。2つ言うな。必ず人は迷う。3つ言うな、1つ忘れる。指示は1つで良い。それを徹底させろ。ワンスリーからカーブを打て。それだけで良いということです。小早川は狙い撃ちですよ。最初の打席でのホームランを含め、3本も打ちました。ヤクルトがこのゲームを取りました。ヤクルトが突っ走った。野村さんの言ったことがやっと分かった。135分の1ではなく、135分の135だと。

弱者は敗者にあらず。弱者でも知恵を使ったら強者を倒すことができる。一方で強者はおごりがあったら、足をすくわれる。つまり強者は勝者にあらず。毒針１本で、マンモスを倒すようなもの。アキレス腱を刺すようなものです。

残り時間は、今日のお話等で質問がございましたら挙手していただければと思います。ひとまず、皆さま方、ご清聴ありがとうございました。

（二〇一五年一月二十四日「人間力育成講座」にて）

人間力とは何か――3・11を超えて

2016年6月30日　初版第1刷発行

編　者　東日本国際大学東洋思想研究所
発行所　昌平黌出版会
〒970-8023 福島県いわき市平鎌田字寿金沢37
tel. 0246（21）1662　fax. 0246（41）7006
発売所　論 創 社
〒101-0051 東京都千代田区神田神保町2-23　北井ビル
tel. 03（3264）5254　fax. 03（3264）5232　web. http://www.ronso.co.jp/
振替口座　00160-1-155266
印刷・製本／中央精版印刷　装幀／宗利淳一＋田中奈緒子
ISBN978-4-8460-1541-1　

昌平黌出版会の本

東日本国際大学東洋思想研究所編　本体2000円

いわきから問う東日本大震災

──フクシマの復興と日本の将来

「超過酷事故」が問いかけるもの。東日本大震災とは何だったのか。震災を自然科学の立場から、人間の心の復興をめぐる問題にいたるまで幅広く考えるための問題提起の書。吉岡斉、中島岳志、木村政昭、松本健一、末木文美士、松岡幹夫ほか。

昌平黌出版会の本

「孟子」の革命思想と日本——天皇家にはなぜ姓がないのか

松本健一著

天皇家にはなぜ姓がないのか、それはいつからなくなったのか。日本国家の成り立ち、天皇制のかたちと「孟子」の革命思想とは密接に結びついている。古代より現代に至る政治思想史を〈革命〉の視点から読み解く驚異の書！

本体1800円

昌平黌出版会の本

宮沢賢治と法華経——日蓮と親鸞の狭間で

松岡幹夫著

本体3000円

宮沢賢治は「彼岸性」の文学を創造し、日蓮よりも親鸞の思想に親和的な作品を多く残した。「『銀河鉄道の夜』の新解釈や本覚思想の影響など、従来見落とされていた問題に光を当て、賢治の仏教思想を現代に甦らせる。」（末木文美士氏推薦）